생태민주주의

ㅎ 04

모두의 평화를 위한 정치적 상상력

생태민주주의

구도완 지음

한티재

머리말

지난 겨울 수백만의 촛불에는 모두 비슷하지만 다른 희망이 담겨 있었을 것이다. 좀 더 빠르게, 근본적으로 세상을 바꾸자는 사람들도, 천천히 한걸음씩 앞으로 나가자는 사람들도 있었다. 생각은 조금씩 달랐지만 수많은 사람들이 사랑과 평화의 힘을 믿고 좀 더 평등하고, 평화로운 세상을 만들기 위해 추위를 이기며 온기를 모았다. 그 희망이 조금씩 실현되기를 바란다.

그렇지만 여전히 나라 안팎에는 '우리끼리만' 잘살자는 극단적인 배타적 국가주의, 인종주의가 힘을 얻고 있다. 돈과 무기에서 힘이 나오고 그 힘이 곧 정의라고 믿는 이들이 많다. 능력 있는 이들이 부와 권력을 누리는 것은 당연하다고 여기는 이들, 자연을 파괴해서라도 개발을 해야만 한다고 생각하는 이들도 적지 않다.

희망과 절망이 교차하는 이 시대에 나는 모든 생명이 평화롭게 잘사는 세상의 꿈을 이야기하고 싶다. 나도 잘살고 너도 잘살면서 우리 모두가 함께 잘사는 좋은 세상을 만드는 꿈을 누구나 꾼다. 그런데 '우리'라고 말할 때 그 '우리'가 가족, 마을, 도시, 국가 안에 머무는 경우가 대부분이다. 당장 내일만을 생각하는 사람도 많다.

그런데 문제는 인류 문명의 힘이 너무 강해져서 모두가 자신들의 이익만을 위해 개발을 지속하면 지구 생명이 절멸할 수도 있게 되었다는 점이다. 가족과 국가를 넘어 지구와 생명, 생태의 관점으로 '우리'를 확장할 때에만 나와 너, 모두가 잘살 수 있는 '지구 위험사회'에서 우리는 살아가고 있다.

이 책은 좁은 울타리 안에 있는 '우리'를 확장시켜 좀 더

넓은 세상으로 나가려는 작은 문이다. "먹고살기 위해서는 일자리가 제일 중요하다, 국민경제를 성장시켜야 한다, 국가경쟁력을 위해 과학기술을 개발해야 한다, 군사력을 키워야 한다"는 당연해 보이는 이야기들이 정말 당연한 이야기일까? 정말 중요한 것은 무엇일까? 국가와 시장이 가장 중요해 보이지만 사실 이것들은 자연과 사회 없이는 한 순간도 움직이지 못한다. 우리 삶의 바탕에는 자연이 있고, 자연이 준 선물을 사람들이 주고받으며 함께 나누는 사회가 있다. 자연 속에서 사람들이 서로 돕기 때문에 우리는 살아갈 수 있다.

그렇다면 자연과 사회에서 태어났으나 그 바탕을 허물고 있는 국가와 시장을 어떻게 다시 자연과 사회 안으로 불러들일 것인가? 나는 생태민주주의라는 길을 통해 이런 질문에 답하고자 한다. 모두가 자유롭고 평등하게 좋은 삶, 즉 평화를 누리기 위해서는 미래세대와 자연을 '우리'라고 생각하는 상상력이 필요하다. 생태민주주의는 울타리 안에 갇힌 우리를 확장시켜, 버려진 사람들, 태어나지 않은 미래세대, 말 못 하는 생명과 자연의 목소리를 듣고 그들을 '우리'로 받아들이는 정치다.

1990년대 초, 환경사회학을 연구하기 시작했을 때 나는 환경문제를 여러 사회문제 가운데 '하나의' 사회문제라고 생각했다. 그런데 이런저런 책을 읽고 사람들을 만나면서 내 생각은 조금씩 바뀌어서, 자연은 그저 '사람들을 둘러싼 생물리적 환경'이 아니라 우리 인간의 일부분이라는 생각을 갖게 되었다. 자연은 사회 밖에 있는 그 무엇이 아니다. 인간과 사회가 자연이라는 바탕 없이는 존재할 수 없기 때문에 사회학은 자연을 다시 사회 안으로 불러와야 한다.

그러면 사회학은 자연을 어떻게 봐야 할 것인가? 사회는 계급, 인종, 국가, 종교, 젠더로 갈려서 차별로 몸살을 앓고 있다. 이런 문제들을 고민하는 가운데 생태민주주의라는 화두가 내게 다가왔다. 자연이 주는 선물을 잘 나누면서 사람과 자연, 사람과 사람이 평화롭고 정의로운 공동체를 만들기 위해서는 민주주의를 생태적으로 변형하고 재구성해야 한다는 생각이 자라났다. 이 책은 이런 생각을 정리한 것이다. 이 생각이 많은 사람들과 공명을 일으켜, 작지만 큰 꿈들이 이곳저곳에서 실현되기를 바란다.

이 책은 많은 사람들의 도움으로 세상에 태어났다. 나는 대학에서 공부하면서 여러 선생님들의 가르침, 선후배 동학들의 도움을 받으며 학문의 기초를 닦았다. 환경정책평가연구원, 환경부, 대통령자문 지속가능발전위원회 등 정부나 그 주변에서 일하면서 '국가처럼' 보고 생각하고 행동해보는 경험도 했다. 환경운동연합, 모심과살림연구소를 도우면서 '환경운동단체, 생명운동연구소처럼' 생각하고 행동하고 있고, 환경사회연구소 소장이자 한국환경사회학회 회원으로서 '환경사회학자처럼' 연구하고 있다. 이런 다양한 경험을 하면서 많은 사람들의 이야기를 들었다. 자신의 삶의 이야기를 아낌없이 들려준 분들도 많았다. 이 책은 이런 많은 분들에게 큰 빚을 지고 있다.

이 책은 내가 '배곳 바람과 물'이라는 대화문화아카데미에서 2013년부터 5년 동안 진행해온 청년교육 프로그램에 참여하면서 그 얼개가 만들어졌다. '배곳 바람과 물'은 협동조합, 환경운동단체, 녹색당, 종교계 등 다양한 영역에서 일하고 있는 청년들이 모여 녹색, 정치, 사회운동, 그리고 삶의 체험을 나누는 프로그램이다. 나는 이곳에서 아홉 번에 걸쳐 녹색과 생태민주주의에 대해 이야기하면서, 청년들에게서 많은 것을 배웠다. 녹색정치에 삶을 건 사람들, 협동조합으로 대안경제를 꾸리는 이들, 지역에서 마을을 만드는 사람들, 성평등을 실천하는 사람들, 이들의 생각과 삶이 이 책에 녹아 있다.

이 작은 책을 만드는 데 도움을 주신 모든 분들께 감사드

린다. 특별히 '배곳 바람과 물'을 위해 애써 오신 강대인 원장님, 장우주 박사님, 윤박경 님, 이 책의 초고를 보고 귀중한 논평을 해 주신 박순열 박사님, 그리고 이 책을 기꺼이 출판해 주신 한티재 오은지 대표와 꼼꼼히 편집해 주신 변홍철 편집장께 깊이 감사드린다.

2017년 11월

구도완

차례

제5장 생태민주주의란 무엇인가?

보론 생태민주주의 관점에서 본 신고리 5·6호기 공론화

제6장 생태민주주의의 현장

제7장 생태민주적 전환

제1장

지금 우리가 사는 세상

2011년 2월, 새만금 방조제 안 호수에 멸종위기에 놓인 토착 돌고래 상괭이 약 150마리가 죽어서 물 위로 떠올랐다. 그중에는 어린 태아와 함께 죽은 어미 고래도 있었다. 한국농어촌공사 새만금사업단은 한파 때문에 호수 물이 얼어 폐사했다고 주장했고, 환경단체와 어민들은 새만금 내부 공사 때문에 무리하게 호수 수위를 낮추어 염도가 떨어지고 수질이 악화되어 폐사했다고 주장했다. 바다와 강 하구를 오가며 살아가던 상괭이들은 2009년에 막혀버린 새만금 방조제 안에 갇혀 있었거나 아니면 좁은 갑문을 오가며 살았을 것이다. 상괭이들은 갑자기 변해버린 바다에서 고통스럽게 죽어갔을 것이다.

막혀버린 새만금은 사람들의 삶도 바꾸어 놓았다. 새만금 바다에서 조개를 채취하며 살아가던 맨손어업 어민들은 지금 호텔 청소부, 택배 기사로 일하거나 고창 앞바다까지 가서 조개를 채취하고 있다. 호수에 갇혀 숨을 쉬지 못하고 죽어버린 돌고래와 버려진 사람들을 생각하면, 공업문명이 약한 생명들을 죽음으로 몰아넣고 있는 오늘 지구의 모습을 보는 것 같다.

공업문명은 우리 인류에게 자연을 지배할 수 있는 힘과 풍요를 가져다주었다. 그래서 인류는 바다를 막아 땅을 만들고 그 위에 도시를 세웠다. 그런데 그 힘 덕분에 사람들이 잘 먹고 잘사는 것 같은데, 사실은 많은 사람들이 살기 힘들다고 아우성이다. 먹고살기 위해서는 더 열심히 일하고 더 많이 개발하고 더 빨리 앞으로 가야 한다고 다들 소리친다. 그렇지만 일자리는 줄어들고 한쪽에서는 과로로, 다른 한쪽에서는 절망으로 고통받고 있다. 청년들은 공기업 채용비리에 분노하고 좌절을 느끼면서 오늘도 입사원서를 쓴다. 회사 인간이 되기 위해 애쓰지만 회사는 사람들을 돈 버는 기계로 취급한다. 이마저 언제 잘릴지 모르는 경우가 많다. 자영업자들은 더 많이 일하고 더 적게 쓰며 자신을 소모시킨다. 사업이 망하고, 가족도 깨져 끝내 절망의 끝으로 가는 이들도 적지 않다.

산업자본주의가 등장한 지 이삼백 년 만에 지구와 사람들의 삶은 눈에 띄게 달라졌다. 자연에 기대어 농사를 지으며 가족과 친족들 사이에서 마을을 이루고 전통에 따라 살아가던 시대는 기계의 등장과 함께 급격히 변했다. 그 결과 지금 우리는 어느 누구도 살아보지 않은 세상을 살아가고 있다.

어떤 기상학자는 기후가 너무 빠르게 변해서 멀지 않은 미래에 지금의 풍경을 볼 수 없을 것을 우려해서 친구들에게 야외에서 사진을 많이 찍어두라고 권한다고 한다. 거대한 우주 역사 속에서 지구라는 행성에서 태어난 인류는 긴 세월 동안 자연의 일부분으로 살아왔지만, 지금은 기후를 바꾸고 지질에 영향을 미칠 만큼 지배적인 종이 되었다. 브레이크가 고장난 기관차처럼 인류가 지금의 공업생산을 계속한다면 멀지 않은 미래에 환경오염과 자원고갈 때문에 식량생산이 줄어들고 평균수명이 줄어 인구가 감소하며 더 이상의 경제성장도 불가능할 것이라는 경고가 이어지고 있다.

예전에는 신이나 마법이 지배했지만 현대에는 사람이 주인이 되어 과학과 이성이 중심인 시대가 되었다고 말하는 이들이 많다. 신분에 따른 차별도 줄어들어, 귀족이 주인인 시대에서 모든 사람들이 주인인 시대가 되었다고 보는 이들도 있다. 그런데 사람이 주인인 줄 알았는데 알고 보니 기계(공업)와 돈(자본)이 주인 노릇을 하고 있다. 공업과 자본 덕분에 많은 사람들이 힘든 노동의 고통에서 해방되어 풍요를 누리게 된 것 같은데 불평등은 더 심해지고 있다. 더 큰 문제는 인류가 누리던 맑은 공기와 물이 어느새 사라지고 있다는 점이다. 자연은 모든 지구 생명들에게 베풀던 햇빛, 바람, 비를 거두어들이기 시작했다.* 자연은 무섭고 거칠어서 길들여야 하는 줄 알았는데, 이제 보니 기계와 돈의 힘에 눌려 그 목숨이 위태로운 지경에 있다. 지구 전체가 위기에 처해 있지만, 특히 자연에 기대어 사는 가난하고 힘없는 사람들이나 생물들이 가장 큰 고통을 겪고 있다.

왜 이런 일들이 일어나는 것일까? 인간이라는 종의 탐욕 때문일까? 아니면 과학기술과 산업혁명 때문일까? 그것도 아니면 자본주의가 원인일까? 인류가 자연 안에서 좀 더 공평하고 평화롭게 살아갈 수 있는 길은 없을까?

나는 이 책에서 이런 질문에 대한 답을 찾아보려고 한다.

* 이 책에서 자연(自然)은 우주의 생물과 무생물의 상호작용을 통해 공진화(coevolution)하는 생태계 전체를 지칭하는 말로 사용한다. 여기에는 인간과 자연이 모두 포함되는데 인간을 제외한 자연을 말할 때는 비인간자연(nonhuman nature)이라는 용어를 사용한다. 영어의 nature는 인위적인 힘이 가해지지 않은 인간 외부의 천지, 만물(萬物)이라는 의미와 내적 본성(本性)이라는 의미를 갖고 있다. 노자의 도덕경에 나오는 자연(自然)은 스스로 그러한 상태, 즉 자연스러움이라는 의미에 가깝다(야나부 아키라, 2011; 131-149; 박원재, 2005).

자연의 위기이면서 동시에 사람과 사회의 위기인 이 시대를 인류와 비인간자연의 상호교류라는 관점에서 살펴보고 불평등하고 지탱하기 어려운 이 세상을 새롭게 바꾸기 위해 누가 어떤 일들을 하고 있는지, 앞으로 우리는 무엇을 어떻게 해야 할지 이야기하려고 한다.

세상은 어둡고 절망이 가득한 것처럼 보이지만, 달리 보면 그렇기 때문에 희망을 갖고 새롭게 할 일이 많다. 우리 주변에는 거창한 이론이 아니라 자기 주변에서 작은 변화를 만들어가고 있는 사람들이 매우 많다. 황사문제가 심각해지자 중국과 몽골 사막에 풀과 나무를 심는 데 인생을 바치고 있는 사람들, 도시에서 마을을 만들어 함께 아이를 키우고 뒷동산을 지키며 풀뿌리 민주주의를 키우는 사람들, 후쿠시마 원전사고로 충격을 받아 에너지 자립 마을을 만들어가고 있는 사람들, 협동조합에서 일하며 협동과 생명의 대안경제를 만들어가는 사람들, 돌고래를 살리기 위해 인생을 바꾼 사람들, 수많은 사람들이 힘들지만 즐겁고 유쾌하게 자신들의 삶을 살아가고 있다. 이 책에서 나는 이런 사람들이 꿈꾸는 세상을 그려보고 누가 어떻게 그런 세상을 만들고 있는지, 어떻게 하면 그런 삶을 더 많은 사람들이 누릴 수 있는지 이야기해 볼 것이다.

2장에서는 선물膳物, gift의 순환이라는 관점에서 자연과 사회, 그리고 국가와 시장의 특성을 살펴본다. 돈과 권력이 세상의 중심이라고 많은 사람들이 생각하지만 사실은 맑은 공기와 물, 땅과 바다가 없으면 우리 인간은 한 순간도 살아갈 수 없다. 사람들은 시장에서 사고 팔 수 없는 사랑과 신뢰를 서로 주고받아야만 잘살 수 있다.

3장에서는 산업자본주의가 자리잡은 이후 개인의 자유와 국가의 지배에 대해 사람들이 어떻게 생각하고 무엇을 중요하게 여겨왔는지 살펴본다. 한편에서는 모든 인간은 평등하게 태어났고 공평하게 삶을 누릴 권리가 있다고 주장하고, 다른 한편에서는 어차피 인간들 사이에 능력 차이가 있는 한, 개인의 '자유'를 최대한 보장해서 시장에서 경쟁하게 하는 것이 모두에게 이익이라고 주장한다. 평등과 불평등 문제를 접근할 때 개인을 중시하는 사람, 국가를 중시하는 사람, 그리고 공동체를 중시하는 사람들이 있다. 달리 말하면, 자본주의 시장에 모든 것을 맡겨야 개인이 최대한 자유를 누릴 수 있다는 사람도 있고, 국가가 나서서 평등한 세상을 만들어야 한다고 주장하는 사람도 있다. 모든 개인들이 절대적인 자유를 누리기 위해서는 국가 지배를 철폐해야 한다고 보는 사람들도 있다. 3장에서는 이러한 이야기들의 강점과 약점을 살펴보고, 이들 담론이 공유하는 성장주의 담론에 대해서 살펴본다.

4장에서는 20세기 중반 이후 생태위기를 둘러싸고 등장한 다양한 담론들을 살펴본다. 모든 사람들은 단기적으로 자신들의 이익에만 집중하기 때문에 강력한 권위주의 정치체제가 환경문제를 해결해야 한다는 생태권위주의자들이 1960년대 이후 등장하기 시작했다. 지구의 생물리적 한계 때문에 영원한 성장은 불가능하다는 성장의 한계론도 힘을 얻었다. 이런 상황에서 유엔은 1987년과 1992년에 지속가능한 발전이라는 목표와 실천방안을 제안했다. 빈곤으로 고통받는 사람들과 앞으로 태어날 미래세대가 모두 그들의 기본적인 필요를 충족할 수 있는 발전이 필요하다는 것이다. 이런 정치적인 담론과 달리 자연이 인간의 필요와 관계없이 내재적인 가치를 가지고 있기 때문에 인간중심주의 anthropocentrism를 넘어서 자연으로 돌아가야 한다고 주장하는 녹색 낭만주의들도 등장했다. 생태위기를 극복하기 위해서는 자유로운 개인들이 결사체를 만들어 생활과 정치를 근본적으로 전환시켜야 한다는 생태적 공동체, 어소시에이션을 주장하는 사람들도 있다.

5장에서는 모든 사람과 생명이 자유롭고 평등하게 잘사

는 세상, 모두의 평화를 이루는 정치로서 생태민주주의에 대해 이야기한다. 민주주의자들은 권위주의에 맞서 사회경제적 약자들의 자유와 평등을 진전시키는 데 큰 기여를 했다. 그런데 이제 민주주의만으로는 불충분하다. 민주주의를 생태적으로 전환하고 재구성하는 것이 왜 필요하고, 그 의미는 무엇인지 5장에서 살펴본다. 5장의 보론으로 신고리 5·6호기 공론화위원회의 공론조사를 생태민주주의의 관점에서 어떻게 볼지 논의한다.

6장에서는 생태민주주의를 실천하고 있는 현장을 살펴본다. 생태민주주의는 하나의 이론이나 추상적 담론이 아니다. 지구 여기저기에서 오늘도 많은 사람들이 생태민주적인 삶을 살아가고 있다.

7장에서는 생태민주적 사회를 만들기 위해서는 어떤 전환의 비전과 방법이 필요한지 살펴본다. 풀뿌리, 마을, 지역에서는 이런저런 다양한 전환의 실험이 성공하고 있고, 이것들이 제도와 체제의 변화로 이어지는 경우도 많다. 그렇지만 여전히 자연과 사람에 대한 파괴와 착취는 쉽게 개선되지 않고 있다. 이런 상황에서 제도와 체제, 그리고 문명을 생태적으로 전환하기 위해서는 무엇을 어떻게 해야 할까? 7장에서는 이런 큰 질문들에 대한 해답을 찾아본다. 이제 모두가 평등하고 자유로운 세상, 인간 아닌 자연도 함께 잘사는 세상, 모두의 평화를 위한 정치를 상상해 보자.

제2장

자연과 사회,
그리고
선물

증여 — 선물 주기

현대인들은 돈 없이는 하루도 살아가기 어렵다. 돈이 모든 것을 할 수 있게 해주는 마법의 신, 물신物神이 되었다. 그런데 사람은 돈만으로는 살 수가 없다. 우리는 부모, 연인, 친구, 이웃들의 돌봄이 없으면 살아가기가 어렵다. 그래서 인간은 사회적 동물이라고 한다. 이들은 자주 선물을 주고받는다. 선물은 화폐가치로 환산되는 경우도 있지만, 대개는 값을 매길 수 없는priceless 경우가 많다. 선물을 받으면 받은 만큼 똑같은 가격이나 가치로 답례하지 않는다. 여유가 있으면 좀 더 큰 답례를 하고, 여유가 없으면 고마운 마음만 돌려주기도 한다.

선물, 즉 어떤 재화나 서비스를 무상으로 주는 것을 증여라고 한다. 공적인 목적, 예를 들면 가난한 이들이나 환경, 동물을 지키기 위해 무상으로 재화나 서비스를 제공하는 것은 기부라고 한다. 선물을 증여할 때에는 무상, 즉 공짜로 주지만 그에 대한 답례가 어떤 형태로 돌아올 것을 기대하는 경우가 대부분이다. 어떤 친구가 다른 친구에게 마음의 선물을 했는데 그 친구가 다른 답례나 고맙다는 말조차 하지 않는다면 둘 사이는 멀어지거나 아예 친구관계가 끊어질 수도 있다. 연인이나 부부 사이에도 서로를 사랑하고 돌봐주는 선물의 순환이 없으면 껍데기만 남는 관계가 된다. 심지어 부모가 자식에게 아낌없이 사랑을 줄 때에도 자식이 부모의 말을 듣지 않거나 제멋대로 굴면 부모는 더 이상 선물이나 사랑을 주지 않는 경우도 많다. 부모가 자식을 돌보지 않거나 사랑을 주지 않을 때 자식이 부모에게 함부로 대하는 일은 쉽게 볼 수 있다. 유전자로 연결된 부모 자식 관계에서도 선물의 증여에는 답례에 대한 기대와 의무가 내재해 있다.*

* 뇌물은 선물과 달리 어떤 사람이 부정한 방법으로 대가를 요구하며 권력이 있는 사람에게 은밀히 주는 금품이다. 국립국어원의 표준국어대사전에 의하면, 뇌물은 "어떤 직위에 있는 사람을 매수하여 사사로운 일에 이용하기 위하여 넌지시 건네는 부정한 돈이나 물건"을 말한다. 뇌물은 공적 권력을 사적으로 전유하기 위한 부정한 금품이라고 말할 수 있다.

선물의 순환 — 신뢰와 사랑의 축적과 확대

마르셀 모스Marcel Mauss는 알래스카와 태평양의 폴리네시아, 멜라네시아의 부족들이 선물을 주고받으며 어떻게 사회관계를 유지하고 발전시키는지를 분석했다. 그는 이들 부족사회에서 선물을 주고, 받고, 되갚는 일은 사회적 유대를 유지하고 발전시키기 위해 꼭 필요한 도덕적 책무라는 사실을 밝혔다. 이들이 서로에게 선물을 준다는 것은 공동체 사이의 유대뿐만 아니라 자신들의 권위를 유지하고 높이기 위해서도 수행해야 할 책무이다.

미국 북서부 지역의 어떤 부족 지도자들은 다른 부족으로부터 선물을 받았을 때, 받은 선물보다 더 많은 선물을 주지 않으면 자신의 권위와 권력을 유지할 수 없다. 여기서는 권력을 가진 중심이 스스로의 권력을 유지하는 힘으로 선물을 이용한다. 어떤 추장은 너무 많은 선물을 베풀어서 파산하기도 한다. 이런 문화를 '포트래치'potratch라고 하는데 이것은 선물이 권력의 다른 표현이 될 수 있다는 점을 보여준다(모스, 2008).

그런데 이런 형태의 파괴적인 선물 주기와 달리, 선물이 원을 그리며 돌고 돌아 여러 공동체들 사이의 신뢰를 높이고 필요한 것을 서로 나누는 경우도 있다. 태평양 멜라네시아 섬에 사는 부족들은 다른 섬사람들에게 시계 방향 또는 시계 반대방향으로 물건과 상징적 가치가 있는 팔찌 등을 증여하는 문화를 발전시켰다. 멜라네시아 섬사람들의 이런 선물 교환을 쿨라kula 교역이라고 하는데, 이들은 선물이 돌고 돌아서 자기들에게 돌아올 것이라는 신뢰를 갖고 선물의 순환에 참여한다.

모스는 지구상의 어떤 문화에서는 증여의 연쇄를 통해 사회 혹은 공동체와 이들의 유대가 유지되고 발전된다는 사실을 강조했다. 이런 문화에서는 서로 많이 가지려고 경쟁하는 것이 아니라 서로 더 베푸는 것이 미덕이다. 그는 이런 증여의 도덕적 책무가 미개사회에만 있는 사회적 문화와 규범이 아니라 로마, 게르만, 그리고 인도의 고대 문화와 법전에서도 발견된다고 덧붙인다. 모스의 『증여론』은 화폐를 매개로 한 시장에서의 교환관계가 지배적인 현대사회에서도 여전히 남아 있는 증여가 사회를 묶는 규범으로서 중요한 의미를 갖는다고 강조한다.

모스의 이야기는 자본주의가 지배하고 있는 오늘 우리 사회에서도 강한 설득력을 갖고 있다. 노동자를 착취하고 자연을 파괴하는 기업은, 정보가 활발히 소통되는 현대사회에서 살아남기 쉽지 않다. 기업가들은 사회적 평판을 유지하기 위해 노동자, 소비자, 환경을 지키는 이미지를 만들기 위해 애쓰고, 기부활동에도 힘을 기울이는 경우가 많다.

그런데 사회적 평판 때문에 할 수 없이 선물을 주고받는 것만은 아니다. 인간은 타인의 고통과 즐거움에 공감할 수 있는 본성을 갖고 있다. 이타적인 행위를 기쁜 마음으로 하는 이들도 많다. 어진 사람들은 자신이 직접 답례를 받지 못한다고 하더라도 남에게 베푼다. 이를 받은 사람은 직접 되갚지 않더라도 다른 사람에게 도움을 전한다. "옆으로 갚는다"는 것은 이런 의미이다. 주고받는 일 대 일 교환이 아니라, 받은 이가 다른 사람에게 줌으로써 선물의 순환이 시간·공간을 가로질러 큰 신뢰의 연줄망을 만든다. 이런 선물을 받은 사람은 화폐로 재화나 서비스를 샀을 때보다 훨씬 큰 행복감을 느낀다. 그러니까 주관적인 만족감이 커질 뿐만 아니라, 이것이 사회적으로 합쳐지면 그 사회적 힘은 훨씬 커진다.

그런데 현대와 같이 돈이 주인이 된 사회에서 이런 순환이 끊어지는 경우가 많다. 이런 경우가 많을수록 그 사회의 신뢰수준은 낮아지고 선물의 순환은 중단되거나 작은 사회와 공동체 안으로 움츠러들게 된다. 또 선물이 아니라 뇌물이 권력 있는 이들 안에서 돌고 돌면 조직 폭력배와 아무런 차이가 없는 부패의 패거리가 만들어진다.

순수증여의 철회 — 자연의 정복

선물을 주고받으면 상품을 사고파는 것보다 더 큰 편안함과 즐거움이 찾아온다. 물론 되갚아야 하는 부담과 고통이 함께 오기도 한다. 그런데 선물의 증여는 어디에서 오는 것일까? 맨 처음 선물은 어디서 어떻게 왔을까? 부모님의 선물은 부모님의 부모님에게서 왔을 것이고 그 위를 끝까지 좇아가보면 무엇이 있을까? 이런 질문을 던지다 보면 결국 종교적인 또는 철학적인 질문을 피할 수 없다. 유대, 기독교 전통에서는 이를 하느님(하나님)의 창조와 원초적 은총original blessing이라고 말한다. 하나님으로 표상되는 원초적 선물은 바로 자연이라고 할 수 있다.

자연은 우리가 아무런 노력을 하지 않아도 햇빛과 바람과 비를 공짜로 우리에게 준다. 태양광 발전이나 풍력 발전을 한다고 해서 지구나 태양이 우리에게 요금청구서를 보내지는 않는다. 나카자와 신이치中沢新一라는 종교학자는 이것을 순수증여라고 부른다. 신이나 자연과 같이 무한하거나 매우 큰 그 무엇은 대가를 바라지 않고 피조물 또는 생태계의 그물망에 있는 모든 존재에게 삶의 공간을 내어준다. 그는 신 혹은 자연으로부터 오는 순수증여는 사랑과 가치를 원초적으로 만들 수 있다고 말한다(나카자와, 2004). 나카자와 신이치는 사랑이라는 비물질적인 가치를 중심으로 순수증여를 이야기했지만, 실제로 태양의 빛과 열 에너지, 그리고 그것에 기대어 진화해온 거대한 지구 생태계 없이 인류는 한 순간도 살아갈 수 없다. 그런 점에서 자연은 증여의 원천, 대가를 바라지 않는 진짜 증여, 즉 순수증여라 말할 수 있다.

그러나 사실 자연이 늘 평화롭게 모든 것을 내어주는 것은 아니다. 신이나 자연은 보는 이에 따라 다른 이미지로 다가온다. 인간은 가뭄, 홍수, 지진, 혹서와 혹한 속에서 살아왔다. 신의 이미지도 질투하고 벌주고 복수하는 폭력의 이미지와 무한한 사랑을 주는 자비의 이미지가 교차하며 오늘까지 이어져오고 있다.

거친 자연 속에서 사람들은 생존하기 위해 수렵, 채취, 농경, 목축의 역사를 이어왔다. 인류는 과학혁명과 산업혁명에 성공하여 근육을 대신하여 기계의 힘으로 자연을 지배할 수 있게 되었다. 자연은 이제 정복해야 할 대상일 뿐만 아니라 정복할 수 있는 외적 자연이 되었다. '자연 속의 인간'이 아니라 '자연을 인식하고 분석하고 관리하는 인간'이 등장했다. 우리에게 언제나 햇빛과 바람과 비를 거저 주는 고마운 자연, 그렇지만 언제 돌변하여 가뭄과 홍수를 불러올지 모르는 무서운 자연, 이 두 이미지는 산업혁명 이후 조작하고 착취하고 관리할 수 있는 기계적인 대상으로 바뀌었다. 산업혁명 이후 안식처로서의 자연, 정령이 살아 숨쉬는 자연은 낭만주의자들의 향수가 되어버렸다.

자연을 순수증여의 관점에서 보는 것은 신이 인간 밖에 있으면서 인간에게 은총을 베푼다는 이미지를 내포하고 있다. 그런데 이런 관점으로 자연을 보면 우리는 인간과 자연을 분리시키고 자연을 대상화한 후, 자연을 인간에게 무상으로 자원을 공급하는 저장소라는 의미로 오해할 수도 있다. 인류는 자연의 한 부분으로서 인간 이외의 자연과 함께 진화해왔다. 그러므로 자연(생태계)이나 지구는 공짜 선물이라기보다는 모든 생명을 키우고 그 생명이 순환하는 거대한 유기체라고 볼 수도 있다. 이런 관점에서 제임스 러브록James Lovelock은 지구를 가이아라는 대지의 여신으로 비유하면서, 지구가 생물과 무생물이 상호작용하면서 스스로 진화하고 변화해 나가는 하나의 생명체이자 유기체라고 보았다(러브록, 2004).

그런데 이 거대한 생명체가 위기에 처해 있다. 공짜인 줄 알았는데 인류가 생태계에 미치는 영향이 너무 커서 실제로는 공짜가 아니라, 인간의 행위가 다시 인류에게 돌아오고 있는 것이다. 배리 카머너Barry Commoner는 "생태계에 공짜는 없다"고 말한다. 그는 지구의 생태계는 연결된 하나의 거대한 전체이고, 인간이 그로부터 무언가를 꺼내 사용했다면 반드시 무언가로 채워야 한다고 말한다. 다시 말하면 생태계에서 무언가를 사용했다면 그에 대한 대가는 반드시 치러야만 하며, 대가를 지불하지 않은 것으로 보이는 것은 단지 그 지불시기를 연기했을 뿐이라는 것이다(카머너, 2014: 50). 카머너의 주장은 산업혁명 이후 자연의 순환이 끊어진 상황을 잘 묘사하고 있다. 대가 없이 우리에게 오던 비와 바람이 이제 더 이상 공짜가 아닌 것이다.

현대의 생태사회위기

자연의 순환은 언제부터 어떻게 해서 끊어지기 시작했을까? 인류가 농경을 시작하면서 자연에 대한 착취가 시작되었다고 보는 이들도 있다. 그러나 급격한 환경파괴가 일어나기 시작한 것은 산업혁명 이후라고 보는 것이 적절하다. 과학이 발전하고 기계가 발명되면서 생산력이 급속히 발전하고 자본주의가 지구 전체로 확산되기 시작했다. 이와 함께 프랑스 대혁명이 자유, 평등, 박애의 이상을 세계로 확산시켰다. 혁명의 기운이 유럽을 휩쓰는 가운데 러시아의 혁명가들은 사회주의 국가를 건설하여 계급 불평등을 철폐하고 모두가 평등하게 풍요를 누리는 세상을 꿈꿨다. 다른 한편 유럽과 북미의 자본가들은 자본주의 시장을 통해 개인의 자유와 풍요를 끝없이 확장할 수 있으리라 믿었다. 두 세력은 국가와 시장, 평등과 자유에 대해 매우 다른 관점을 갖고 있었다.

그런데 이들은 자연을 착취하여 공업생산을 가속화함으로써 인류의 풍요를 추구했다는 점에서 그리 다르지 않았다. 두 체제가 모두 기계를 숭배하며 대량생산과 대량소비를 위해 달려가는 동안 자연의 순환에 문제가 발생했다는 신호가 여기저기서 나타나기 시작했다. 1950년대에는 일본 큐슈의 미나마타라는 작은 어촌마을에서 수은 중독으로 인한 사망자와 환자가 나타나기 시작했고, 1960년대 미국에서는 DDT라는 살충제의 위험이 큰 사회문제가 되었고, 1986년에는 체르노빌 원전사고가 발생했다. 1980년대 이후에는 인간이 만든 온실가스 때문에 생긴 기후변화 문제가 전 지구적인 환경문제로 떠올랐다.

인간에 의한 인간의 지배와 불평등을 해결하기 위해, 인류가 기계와 과학기술에 매달려 공업생산을 폭발적으로 증대시키는 동안 지구는 '순수증여'를 철회하기 시작했다. 1972년 도넬라 메도우즈Donella Meadows 등은 『성장의 한계』라는 책에서 인류가 공업생산을 줄이지 않고 지속할 경우, 자원고갈과 환경오염으로 식량생산이 줄어들고, 사망률이 증가하여 평균수명이 줄어들고 결국 성장도 종말을 고할 것이라고 예견했다. 유엔의 기후변화에 관한 국가간 패널IPCC: Intergovernmental Panel on Climate Change은 온실가스 배출이 계속됨에 따라 온난화 현상이 더욱 심화되고 기후 시스템을 이루는 모든 구성요소들은 장기적으로 변화하여, 결과적으로 인간계 및 생태계에 심각하고 광범위하며 돌이킬 수 없는 영향을 미칠 것이라고 예상하고 있다. 또한 기후변화로 인한 피해는 균일하게 분포하지 않으며, 개발 수준을 막론하고 모든 국가에서 취약 계층 및 지역사회가 상대적으로 더 큰 위험에 노출될 것이라고 전망했다(IPCC, 2015). 홍수, 가뭄, 폭염, 폭풍과 같은 기상재해가 빈발하면서 식량생산이 부족해지고 이 때문에 기존의 식수, 식량 등을 둘러싼 사회적 갈등이 더욱 심각해질 우려도 커지고 있다.

현대의 생태사회위기는 국지적으로 일어나는 대기나 수질, 폐기물의 오염과 같은 환경문제와 달리 지구 전체의 생태적 지속가능성을 위협하는 구조적인 위기다. 이것을 생태사회위기라고 부르는 이유는 생태적인 위기가 사회의 기반인 자연의 지속가능성을 위협하기 때문에 사회 자체가 존속하기 어렵기 때문이다. 지구는 무한한 자원의 보고이자 오염처리 능력이 있을 것 같아 보였지만, 지금은 그 시스템을 지탱하기조차 어려운 행성이 되어 버렸다.

자연, 사회, 국가, 시장

인간과 자연의 관계가 어떻게 해서 균형을 잃게 되었을까? 이 문제를 자연, 사회, 국가, 시장이라는 네 영역의 상호작용을 중심으로 살펴보자.

우리는 시장이나 국가가 없으면 하루도 살 수 없다고 생각한다. 그러나 국가나 자본주의 시장 없이 이웃과 공동체가 서로 협력하면서 살아온 역사는 매우 길다.* 오늘날에도

* 호모 사피엔스는 약 20만 년 전에 지구상에 등장했고, 농업혁명은 약 만 2천 년

[표 1] 자연과 사회 관계의 지형

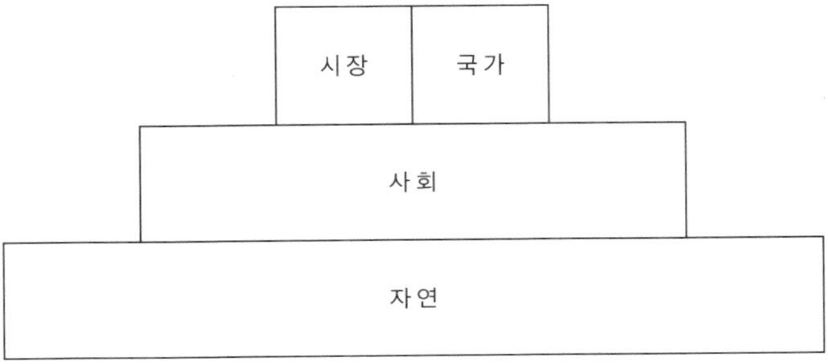

시장에서 상품이 제대로 거래되지 않을 때 사람들은 오래된 자급의 지혜를 찾아 삶을 이어간다. 이렇게 사회가 유지되기 위해서는 자연이 먹을 것, 마실 물, 숨 쉴 공기, 안식을 취할 토지를 인류에게 주어야 한다. [표 1]에서 보듯이 맨 밑에 자연이 토대로 받치고 있고, 그 위에 사회가 형성되고, 이를 바탕으로 시장과 국가가 사회를 위해 자원을 배분하고 갈등을 관리하고 있는 것이다. 그럼 이제 자연, 사회, 국가, 시장이 어떻게 물질과 서비스를 교환하고 그 의미는 무엇인

전에 일어났고, 초기 형태의 국가는 약 5천 년 전에 세워졌다고 볼 수 있다(유발 하라리, 2015: 14).

[표 2] 교환양식의 실현 영역, 요소, 사례

교환양식	순수증여	증여와 답례	약탈과 재분배	상품교환
실현 영역	자연	공동체, 사회	국가	시장
핵심 요소	자비 (benevolence)	공감 (sympathy), 감정이입 (empathy), 복수심	권력	화폐, 이기심
사례	햇빛, 바람, 비	포트래치, 쿨라 교역, 협동조합	약탈국가, 복지국가, 발전국가	신자유주의

지 살펴보자.*

[표 2]는 역사적으로 발전해 왔으면서 오늘날에도 여전히 살아 움직이는 자연과 사회관계를 설명하기 위해 칼 폴라니

* 다음 내용은 가라타니 고진의 교환양식 개념을 재구성한 것이다.

Karl Polanyi, 가라타니 고진柄谷行人, 나카자와 신이치中沢新一, 장일순 등의 개념을 재구성하여 만들었다. 이 표에서 교환양식이란 사람들이 재화나 서비스를 주고받을 때 맺는 사회적 관계의 모습이라고 할 수 있다.

첫째, 순수증여는 인간과 자연의 관계 속에서 자연이 인간을 비롯한 생물들에게 무상으로 재화와 서비스를 제공하는 것을 말한다. 인류는 진화의 역사 속에서 대부분의 시간 동안 자연에 기대어 살아왔다. 자연이 주는 햇빛, 바람, 비, 토지에 의존하여 수렵, 채취, 농경의 삶을 살아왔다. 원주에 살면서 생명운동과 한살림운동을 이끌었던 장일순은 이렇게 말했다.

> 풀 하나, 돌 하나, 예를 들어서 나락 하나도 땅과 하늘이 없으면, 물과 빛이 없으면, 공기가 없으면, 미물들이 없으면, 이 우주가 없으면 나락 하나가 되지를 않는다 이거예요.(장일순, 1997: 94)

자연이 인류에게 대가 없이 주는 선물에 감사하며, 다른 사람이나 생명에게도 그 선물을 나누고 돌리는 마음이 자비benevolence다. 가라타니 고진은 이것이 국가나 종교권력에 종속되지 않고 저항하는 보편종교에서 발견된다고 말한다(가라타니, 2012: 197-233). 여기서 보편종교란 특정 종족이나 집단을 넘어서 모든 사람들이 평등하게 함께 잘사는 공동체를 꿈꾸고 실천하는 사상, 윤리, 실천이라고 정의할 수 있다.* 이렇게 보면 공자, 노자, 부처, 예수는 모두 보편종교를 설파한 세계시민(코스모폴리탄)의 리더라 할 수 있다.

둘째, 증여와 답례는 공동체나 사회에서 사람들이 재화와 서비스를 상호적으로reciprocally 주고받는 교환양식이다. 여기서 증여와 답례가 항상 평화적인 것만은 아니다. 인류가 이방인을 신뢰하고 그들과 선물을 나누거나 물물교환을 하는 일이 그리 쉽게 이루어지지는 않았다. 인류는 다른 공동체, 부족에 대해서는 전쟁을 벌이고 패배한 부족을 노예로 삼으며 복수의 순환을 이어가기도 했다. 오늘날에도 지구상에는 부족, 인종, 종교 간에 피의 보복이 이어지고 있다. 호혜적인 증여와 답례로는 포트래치, 쿨라 교역 같은 것이 대표적인

* 공동체는 community의 번역어다. 공동체라는 말은 전근대의 인습적인 지역이나 마을에서 사람들이 대면적인 관계를 맺는 집단이라는 의미를 갖고 있다. 반면에 사회(society)라는 말은 근대 이후 개인들이 익명적인 관계 속에서 자신의 목적을 위해 만든 집단이라는 의미를 갖는다. 그러나 오늘날에는 동일한 목적을 이루기 위해 자발적으로 모인 사람들의 집단을 통틀어 공동체라 부르는 경우가 많다. 이 책에서는 공동체라는 용어를 후자의 의미로 사용한다.

사례다. 호혜적인 증여와 답례에는 타인에 대한 공감sympathy과 감정이입empathy이 선물과 함께 순환한다.

현대에는 협동조합이 증여와 답례라는 교환양식을 바탕으로 이루어지거나 그것을 지향한다. 협동조합은 같은 관심을 가진 조합원들이 그들의 관심과 이익을 함께 실현하기 위해서 경제활동을 하는 연합(어소시에이션: association)이다.* 한국에서 한살림, 두레생협 등 생협(생활협동조합)을 만들고 이끌어온 조합원들은 유기농산물을 생산하는 사람들의 마음에 공감하며 그들의 입장이 되어, 일반 농산물보다 좀 더 비싼 값으로 농산물을 사서 농민들의 삶을 보장해주면서 자신들의 건강을 돌보아 왔다. 이 과정에서 이들은 타인과 자연에 대한 고마움을 느낀다. 유기농 생산자들은 소비자 조합원의 건강은 물론 자연의 지속가능성을 생각하며 농사를 짓고 그들이 지불하는 돈으로 자신의 삶을 재생산한다. 여기서 농산물의 가격은 시장가격의 영향을 받지만 기본적으로 생산자의 건강한 삶을 보장할 수 있도록 보장하는 원칙

* 어소시에이션(association)은 결사, 협회, 연합, 단체, 조합 등으로 번역된다. 이 말은 개인들이 자유로운 의사를 바탕으로 자신들의 이익이나 관심을 함께 실현하기 위해 조직한 집단을 의미한다. 이 책에서 어소시에이션은 강제력을 바탕으로 한 국가와 달리 자유로운 개인들이 자유의지에 따라 만든 아래로부터의 결사체라는 의미로 사용한다.

아래 소비자와 생산자가 협의하여 결정한다. 이러한 교환은 화폐를 매개로 이루어지는 거래이지만 시장을 넘어서는 상호적인reciprocal 증여와 답례의 의미와 형식을 내포하고 있다.

셋째, 약탈과 재분배의 교환양식은 배타적으로 물리력이나 권력을 독점한 국가가 재화와 서비스를 사람들로부터 약탈하고 이를 다시 사람들에게 분배하는 행위를 말한다. 사회의 규모가 커지면서 사람들이나 공동체 사이의 부와 권력의 차이가 커졌고 이는 거대권력과 국가의 탄생으로 이어졌다. 국가는 공공의 이익과 안전, 다른 국가의 침략 위협에 대한 대비를 자신의 정당성 근거로 삼아, 세금과 부역負役을 강요하고 이를 다시 재분배하는 시스템을 만들었다.

현대의 국민국가는 영토를 확정하고 그 안에서 대외적으로 주권을 갖고 물리력(폭력)을 독점한 채 국민의 안전을 지키기 위해 상비군을 유지하고 세금을 징수할 권력을 갖는다. 근대 국민국가가 물리력을 독점함으로써 사적 폭력은 크게 줄어들었다. 그러나 사적 폭력이 줄어든 자리에 거대한 물리력의 독점체가 자리잡았다. 국가는 국민 공동체의 행복과 안전을 위해 세금을 부과하고 법적 책무를 부과하는 '공적public 이익의 담지자'라고 정의할 수 있다.

그러나 국가는 '사적 이익의 담지자'가 되어 정치인, 관료, 자본가 등 지배계급의 집행위원회 노릇을 할 가능성이 크다. 국가가 공적 자원을 사적으로 전유하며 재분배의 기능을 하지 않을 때 이런 국가를 약탈국가 또는 권위주의 국가라고 말할 수 있다. 약탈국가나 권위주의 국가는 국가의 억압적 기능, 즉 권력, 물리력, 폭력을 독점하고 사사화私事化, privatizaion하여 국가에 저항하는 사람들, 사회경제적 약자들을 정치과정에서 배제한다. 반면 복지국가나 민주주의국가는 국가의 억압적 기능을 최소화하며 사람들을 정치과정에 적극 참여시키며 국가의 권력을 사람들에게 되돌려준다. 약탈과 재분배는 국가라는 정치 공동체의 전혀 다른 두 얼굴이다. 중요한 점은 국가는 물리력을 독점하고 있을 뿐만 아니라 지배계급의 이익을 위해 봉사할 가능성이 매우 높기 때문에 민주적인 참여에 의해 통제되어야 한다는 점이다. 국가가 공동체 또는 사회와 대화하고 소통하지 않은 채 주권만을 강화할 때, 사회는 국가를 공적 이익의 담지자로 보지 않고 국가를 해체하거나 재구성하는 사회운동을 벌일 수 있다.

넷째, 상품교환은 자본주의 시장에서 화폐를 매개로 재화와 서비스가 상품의 형태로 '자유롭게' 거래되는 교환양식이다. 자본주의 옹호자들은 개인의 이기심을 사회 안에 얽

매지 않고 자유롭게 실현되게 할 때 국가 공동체의 자유와 총행복이 커진다고 주장한다. 산업혁명 이후 자본주의 시장은 빠르게 발전했다. 부가 급속히 증대하는 곳에서 국가의 부를 늘리는 것은 모두에게 좋은 일이며 시장의 '보이지 않는 손'은 자원을 적절히 배분해 주는 신비로운 손이라는 이야기가 힘을 얻었다. 전근대의 강제력에 의해 지배되던 하층계급들은 이제 '자유로운 계약'의 주체가 되어 스스로의 노동력을 팔기 위해 공장으로 향했다. 그러나 그들을 기다리던 것은 검은 하늘, 오염된 물과 음식, 장시간 노동이었다.

칼 폴라니는 시장이 지배하는 세상은 자연과 사람을 토지와 노동력이라는 허구적 상품으로 취급하는 세상이라고 보았다. 다시 말하면 자연과 사람은 상품으로 취급하여 마음대로 착취하거나 거래할 수 없음에도 마치 돈으로 거래할 수 있는 물건처럼 취급하는 것이 바로 자본주의 시장이라는 것이다. 자본주의 옹호자들은 스스로 모든 것을 알아서 규제하는 '자기규제적 시장'이라는 허상을 진실이라고 주장했다. 시장은 자본을 가진 자들이 화폐를 매개로 타인의 노동력과 자연을 전유하는 것을 제도적으로 보장해 주는 시스템이다. 이 시스템에서 불평등은 자연현상이며 모두의 발전을 위해 반드시 필요하다는 '약육강식'의 이데올로기가 자리잡았다.* 시장과 약탈국가, 권위주의 국가가 지배하는 곳에서 순수증여와 증여, 답례의 순환은 끊어지고 가족과 작은 공동체 속으로 움츠러든다. 장일순은 "시장경제라고 하는 것은 돈을 모시는 경제지, 생명을 모시는 경제가 아니다"라고 말했다(장일순: 52).

요약하면 현대는 상품교환 양식이 지배하는 상황에서 자본주의 국가가 이를 뒷받침하고 있어서 자연과 사회의 순수증여와 증여/답례의 교환양식이 제대로 작동하지 못하고 있다. 이런 상황을 어떻게 변화시킬 것인가? 칼 폴라니(2009)는 원래 자연과 사회의 틀 안에서 움직이던 시장이 이제 자연과 사회를 지배하고 있다고 보고, 시장을 다시 자연과 사회 안으로 불러와야 한다고 주장한다. 가라타니 고진(2012)은 이러한 상황을 비판하면서 보편적인 평등과 호혜를 지향하는 보편종교의 교환양식을 새롭게 재구성하는 것이 필요하다고 말한다. 다시 말하면 모든 사람들이 이웃이 되어 선물을 주고받는 교환의 이상이 현대에 변형되어 되살아나는 비전을 이야기한다. 장일순은 순환을 끊고 생명을

* 허버트 스펜서(Herbert Spencer)가 발전시킨 사회진화론(Social Darwinism)은 다윈의 진화론을 적자생존의 원리로 이해하고 이 '법칙'이 사회에서도 적용될 뿐만 아니라, 이것이 자연스럽다는 교리를 확산시켰다.

죽이는 이러한 문명을 전환하여, 자연으로 돌아가야 한다고 역설했다. 폴라니와 가라타니가 사회의 관점에서 해결책을 제시했다면, 장일순은 '우주적 생명'의 관점에서 인간, 사회, 자연의 하나됨, 한살림을 해결책으로 제시했다. 그래서 그는 자연으로 돌아가자는 말로 강연을 마무리하곤 했다(구도완, 2014b).

오늘날 우리는 시장에서의 상품교환관계가 지배적인 상황에서 국가의 약탈과 재분배 시스템의 구속을 받으며 살아가고 있다. 이 두 영역의 정치경제, 문화적 권력이 너무 커서 우리가 실제로 무엇으로 어떻게 살아가고 있는지 알기 힘들 정도다. 그러나 실제 우리는 자연이 주는 순수증여의 혜택을 받으면서 동시에 부모, 친구, 이웃들과 선물을 순환시키면서 살아가고 있다. 순수증여와 증여의 순환은 사라지고 의미 없는 것처럼 보이지만 실제로는 사적 관계에서뿐만 아니라 공적인 관계에서도 활발히 이루어지고 있는 것이다.

순수증여와 증여/답례의 교환양식을 유지하고 살리는 운동은 여러 형태로 계속되고 있다. 자선, 기부, 환경운동, 동물보호운동과 같은 사회활동이나 사회운동들은 자연의 순수증여의 순환을 되살리려는 운동이다. 협동조합운동은 화폐가 아니라 공감을 매개로 증여와 답례를 통해 호혜적인 즐거움을 누리려는 운동이다. 생협을 바탕으로 한 생명운동은 사람들 사이의 협동을 통해 자연의 순수증여를 성찰하고, 이를 통해 선물의 순환을 되살려서 가치와 즐거움을 늘리려는 운동이다.*

* 노동운동은 시장이 노동력을 상품으로 취급하는 데 저항하는 운동이다. 대부분의 노동운동은 국가의 재분배 기능을 강화함으로써 시장을 관리하고 통제하는 데 관심을 집중한다. 노동자들의 생산자 협동조합 운동은 이와 달리 시장과 사회의 경계에서 호혜적인 교환을 실현하려는 운동이다. 일반적으로 노동운동은 산업주의 패러다임 안에 파묻혀 있기 때문에 자연의 순수증여를 당연시하고 성장을 정언명령(imperative)으로 받아들인다. 그러나 생태사회위기의 시대에 노동운동이 삶의 조건으로서 자연을 재해석하고 생태적인 노동운동으로 전환할 가능성은 열려 있다.

제3장

산업주의 정치담론

산업혁명 이후 인간은 자연에 의존하는 약한 종에서 자연을 지배하고 지질을 바꾸는 전무후무한 최상위 포식자로 바뀌었다. 이 장에서는 산업주의가 세계를 지배한 이후 세상을 해석하고 이끌어가는 담론들이 어떤 것들인지 살펴보려고 한다. 산업주의 정치담론을 올바로 이해할 때 이를 넘어서는 생태민주적 대안에 대해 생각할 수 있기 때문이다.

산업자본주의가 발전하면서 시장과 국가의 연합체가 지배적인 힘을 갖게 되었을 때 세상을 해석하고 행동을 촉구하는 담론은 크게 다섯 가지 흐름으로 발전했다.* 첫째는 시

* 담론(discourse)은 사람들이 어떻게 생각하고 어떤 말을 써야 하는지를 틀지워 주는(framing) 이야기의 묶음이라고 말할 수 있다. 우리는 모두 스스로 생각하고 판단한다고 느끼지만 실제로는 그 시대, 그 사회의 어떤 담론들의 영향 속에서 생각하고 말하고 행동한다. 『조선일보』 구독자와 『한겨레』 신문 구독자는 서로 다른 담론의 세계에 살고 있는 경우가 많다.

[표 3] 가치 지향과 핵심 행위자에 따른 산업주의 정치담론

가치 지향	평등				불평등
핵심 행위자	공동체	국가			개인
정치 담론	리버테리언 사회주의 (아나키즘)	국가 사회주의	복지국가 자본주의	국가 자본주의	시장자유주의, 신자유주의

장자유주의, 둘째는 국가사회주의, 셋째는 복지국가 자본주의, 넷째는 국가자본주의, 그리고 마지막으로 공동체주의다. [표 3]은 평등에 대한 가치지향과 사회를 조직하고 관리하는 핵심 행위자를 기준으로 분류한 것이다.

시장자유주의

"시장이 개인에게 자유와 풍요를 준다"

시장자유주의는 19세기 이후 유럽에서, 20세기 이후에는 전 지구적으로 지배적인 정치담론이 되었다. 아담 스미스

가 '보이지 않는 손'이라는 시장의 이미지를 확립한 이후 자본주의 시장은 개인에게나 국가에게나 부를 가져다줄 뿐만 아니라 자원의 효율적인 배분을 가능하게 하는 마법의 힘과 권력이 되었다. 전지전능한 신이 죽은 시대에 부와 힘을 가져다주는 시장이 신의 자리를 차지하게 되었다. 시장이 작동하기 위해서는 순수증여와 증여의 순환이 이루어지던 공동체 경제와 사회의 틈을 비집고 들어가거나 (기술에 바탕을 둔) 폭력 또는 (생산력에 바탕을 둔) 풍요로 그 시스템을 해체하고 시장을 지배적인 제도로 만들어야 했다.

유럽에서 자본주의 시장은 18세기 이후 영국을 중심으로 빠르게 확산되었고 그것이 세계로 퍼지는 데에는 영국의 군사력이 필요했다. 시장이 자리잡기 위해서는 국가의 권력이 필수적이었지만 시장주의자들은 시장의 정착과 확산에 도움이 될 때에만 국가권력을 칭송하고 그렇지 않을 때에는 국가는 무능하고, 비효율적이며, 부패한 집단이라고 비난했다.

1940년대 하이에크Friedrich Hayek는 국가가 수행하는 모든 계획은 자유를 억압하고 사회주의와 같은 전체주의를 불러오기 때문에 중지해야 한다고 주장했다(하이에크, 2006). 그에 의하면 시장만이 자유를 가져다준다. 하이에크의 주장은

1980년대 이후, 국가를 축소하고 시장의 극단적인 확장을 주창하는 영국의 대처Thatcher, 미국의 레이건Reagan과 같은 신자유주의의 이론적 기초가 되었다. '국가는 무능과 비효율, 시장은 풍요와 효율'이라는 담론은 1980년대 이후 '규제는 악'이라는 신자유주의의 신조로 전개되었다. 신자유주의는 전 지구로 확산되었으나, 2008년 미국 금융위기 이후 그 영향력이 다소 줄어들었다.

시장자유주의는 전근대적 위계와 억압으로부터 개인을 '해방'시켰다. 그러나 시장이 자리잡자 자연도 사회도 해체되고, 그 자리에 자유로운 개인들의 결사가 아니라 자유로운 자본의 연합이 들어섰다.*

국가사회주의

"국가가 모두에게 평등과 자유를 준다"

시장은 순수증여와 증여의 시스템 속에서 태어나 이를

* 미국의 오큐파이 운동, 한국의 2016~2017년 촛불혁명 등은 시장자유주의, 신자유주의에 대한 새로운, 그러나 아주 오래된 저항이다.

변화시키며 봉건적 억압을 철폐하고 풍요의 물신을 불러왔다. 시장은 한편으로 자유와 풍요, 다른 한편으로 새로운 억압과 불평등을 가져다주었다. 봉건 귀족이 지배하던 시대에 불어온 자유와 풍요의 바람은 수많은 민중들을 깨우기 시작했다. 1789년 프랑스대혁명에서 시작된 혁명의 바람은 19세기 유럽을 휩쓸었다. 자유의 공기와 함께 불어온 평등의 바람은 사회주의 운동과 함께 유럽 전체로 퍼져나갔다.*

사회주의 운동은 매우 다양하게 전개되었다. 러시아의 레닌Lenin과 볼셰비키들은 노동자계급을 중심으로 전위당을 만들어 폭력혁명을 해야 한다고 주장했고, 독일의 베른슈타인Eduard Bernstein은 의회에 참여하여 다수당이 되어 국가를 개혁해야 한다고 주장했다. 러시아의 크로포트킨Pyotr Kropotkin은 개인들의 절대적 자유를 보장하는 자유로운 사회를 만들어야 한다고 주장하며 국가를 비판했다.

이런 흐름들 가운데 레닌과 볼셰비키들은 전위당을 조직하여 1917년 러시아 혁명에 성공했다. 이들처럼 정치 엘리

* 평등의 바람은 우리나라에서도 강하게 불어 1862년에 임술민란이, 1894년에는 동학농민혁명이 일어났다.

트들이 국가권력을 장악하고 국가 조직을 이용하여 위로부터 계급지배를 철폐하고 평등한 사회를 만드는 정치 기획을 국가사회주의 담론이라고 부를 수 있다.*

러시아의 사회주의 혁명가들은 자본주의 시장의 불평등과 착취의 문제를 국가권력을 장악함으로써 해결하고자 했다. 이들은 국가의 재분배를 통해 계급을 철폐하고 불평등한 세상을 평등하고 자유로운 세상으로 바꾸려고 했고, 적지 않은 성과를 이루었다. 그러나 멀리 있는 국가가 모든 것을 결정하는 세상에서 국가의 약탈과 재분배 시스템이 제대로 작동하지 않을 경우, 사람들의 삶은 위기에 처할 가능성이 매우 높다. 더구나 국가가 정하는 중요한 결정에 사람들이 전혀 참여하지 못할 때 국가는 '우리들의 국가'가 아니라 '그들만의 국가'로 여겨지게 마련이다. 자본주의 시장을 사회주의 국가의 계획으로 대체하는 프로젝트는 민주적 참여의 부족, 자유의 억압, 관료주의 등 많은 문제로 인해 실패했다. 또한 국가사회주의 담론은 자본주의 담론과 마찬가지로 사람들 사이의 불평등을 자연에 대한 착취를 통해 해결하려고 했다.

* 독일의 나치주의(nazism)는 국가사회주의(nationalsozialismus: National socialism)를 표방했으나, 이는 사회주의가 아니라 국가 중심의 극우 민족주의적 자본주의 정치담론이다.

국가자본주의

"국가가 국민에게 자유와 풍요를 준다"

영국에서 시작된 산업혁명은 기계의 발명으로 생산력을 혁명적으로 증대시켰다. 이렇게 해서 생겨난 자본가들은 영국의 왕실과 협력하여 세계를 무대로 장거리 무역을 하며 식민지를 확장해 나갔다. 그러나 이러한 산업자본주의 발전에 동참하지 못한 독일, 일본 등의 국가들은 19세기 말에서 20세기 초에 이르는 시기에 국가가 주도하여 산업자본주의를 발전시키기 시작했다. 이들 국가들은 더 많은 시장과 자원 확보를 위해 영국, 미국 등의 국가와 경쟁하다가 파시즘과 전쟁의 길을 걸었다. 이와 같이 국가 엘리트가 주도하여 산업자본주의를 발전시키는 모델을 국가자본주의라 부를 수 있다.*

이런 특성은 한국, 대만 등 권위주의적인 정부가 산업자본주의를 발전시킨 나라에서도 발견된다. 국가자본주의의 중요한 특징은 권위주의 정부가 민중의 참여를 배제하고 자

* 찰머스 존슨(Charlmers Johnson)은 전후 일본에서 산업통상성의 관료가 주도하여 강력한 산업정책을 통해 자본주의를 발전시킨 모델을 개발국가(발전국가: developmental state)라고 이름 붙였다(Johnson, 1982).

본가 계급(재벌 등)을 형성하고 이들과 연합하여 국가-자본 연합체를 형성한다는 점이다.

국가자본주의는 국가가 주도하여 산업자본주의를 급속히 발전시켜 자본축적을 이루고, 이를 바탕으로 국민들의 복지를 빠르게 향상시키는 데 성공했다. 그러나 국가자본주의 체제에서 국가는 재분배를 가부장적 온정이나 시혜로 포장한 채 시민들의 정치참여를 배제하는 경향을 보인다. 박정희 체제와 같은 권위주의적 개발국가 모델은 여러 형태로 변형되어 개발도상국에 나타나고 있다. 이 모델은 국가경쟁력 강화, 민중의 삶의 질 향상이라는 이름으로 정당화되지만, 권위주의적 국가와 자본이 비대해지고 자연과 노동이 착취당하고 배제되는 경우가 대부분이다.

복지국가 자본주의

"국가가 재분배를 통해 자유와 평등을 이룬다"

19세기 후반, 이런저런 사회주의 사상과 운동이 활발하게 일어나고 있을 때 독일에서는 선거에 참여해서 의회의 권력을 장악하여 사회주의적 개혁을 추진해야 한다는 담론이 힘을 얻었다. 사회민주주의Social Democracy 이념에 바탕을 둔 사회민주당은 독일뿐 아니라 유럽 이곳저곳에서 정권을 잡고 사회민주적 개혁을 통해 복지국가의 이상을 실천했다. 시장에서의 상품교환 시스템을 폭넓게 인정하면서 높은 세금부과로 국가재정을 확보하고 이것으로 재분배 시스템을 작동시켜 사회경제적 약자를 보호하여 시장을 교정하고 관리하는 전략이 그것이다.

이런 기획은 네덜란드, 독일, 스웨덴, 노르웨이, 핀란드 등의 국가에서 오랫동안 발전해왔다. 시민들의 정치참여를 통해 민주적인 국가를 구성하고 유지하며 이를 통해 시장이 자연과 사람을 가혹하게 착취하는 것을 통제하면서 자본주의를 발전시키는 이 모델은 일부 선진화된 자본주의 국가에서 자유와 평등을 함께 실현하는 모델로 높이 평가받고 있다.

그러나 1980년대 이후 선진 자본주의 국가들의 경제성장이 한계에 이르고, 특히 1990년대 이후 냉전체제가 무너지면서 복지국가 자본주의는 신자유주의와 보수주의의 공격을 받아왔다. 복지국가 자본주의는 불평등을 줄이기 위해 애쓰지만 불평등의 원인인 자본주의적 소유와 생산관계를 인정한 채 경제성장을 위해 자본주의를 발전시켜야 하는 체제이다. 그러므로 국가 공동체를 넘어서는 다른 국가, 다른 사람(민족, 인종, 국민)에 대해서는 배제적인 경향을 보인다. 다른 문화, 인종, 민족을 배제하고 혐오함으로써 정치적 이익을 얻는 인종주의, 국수주의자들의 공격 앞에 복지국가 자본주의는 노출되어 있다.

복지국가 자본주의의 또 다른 한계는 영국, 프랑스, 독일, 네덜란드, 스웨덴 등 선진 자본주의 국가들이 제국주의 시대에 약탈에 의한 자본축적을 했기 때문에 가능했던 모델이라는 점이다. 복지국가 자본주의는 배타적 민족주의, 국가중심주의, 생태위기, 자본주의의 불안정성으로부터 자유롭지 못한 정치담론이다.

공동체주의

"서로 돕는 공동체를 통해 자유롭고 평등한 세상을 만든다"

산업자본주의가 공동체의 삶의 기반을 무너뜨리고 있을 때 유럽의 이상주의자들은 지배도 불평등도 없이 모두가 함께 잘사는 세상을 꿈꿨다. 이들은 국가라는 시스템 대신에 협동조합이나 공동체 등 자발적인 결사체들을 만들고, 이들이 연합하여 자유롭고 평등하며 지배가 없는 세상을 만들 수 있다고 보았다. 이런 생각들 가운데 하나가 아나키즘anarchism이다. 아나키즘은 종종 무정부주의로 번역되지만 엄격히 이야기하면 불평등한 위계와 지배가 없는 세상을 지향하는 사상과 운동을 일컫는 말이다. 아나키스트들 가운데에는 테러를 통해 권력을 무너뜨려야 한다고 보고 테러에 집착하는 이들도 있었고, 노동조합을 통해 평등한 세상을 만들 것(생디칼리즘)을 꿈꾸는 이들도 있었다(하승우, 2008). 이들은 국가나 지배 시스템을 철폐하고 자유로운 개인들의 공동체와 결사를 강조하는데, 나는 여기에서 공동체주의를 주로 이야기해 보겠다.*

아나키즘에 큰 영향을 미친 이는 러시아의 크로포트킨Pyotr Kropotkin이었다. 그는 적자생존, 약육강식을 자연의 법칙이라고 보는 사회진화론자들을 비판하면서 "만물은 서로 돕는다"고 주장했다. 그의 상호부조론은 20세기 초 많은 지식인들에게 큰 영향을 미쳤다. 그는 동물들이 어떻게 서로 도우면서 살아가는지를 보여주면서 서로 잘 돕는 종이 생태계에

* 우리나라에서는 일본 식민지 시대에 이회영, 신채호 등이 아나키즘 운동을 벌였다(이호룡, 2001; 2013).

더 잘 적응하고 생존한다고 강조했다. 그는 인간 사회의 협동을 분석하면서 중세 길드의 협동 모델을 높이 평가했다. 사람들은 전쟁과 같은 일시적이고 특별한 사건에 관심을 집중하지만, 실제 대부분의 인간들은 전쟁과 같은 극단적인 사건은 가능한 한 피하려고 애쓰며 공동체 안과 밖 모두에 걸쳐 협동이 훨씬 일반적인 현상이라고 그는 강조한다(크로포트킨, 2005; 하승우, 2006).

이러한 세계관은 생존경쟁과 약육강식을 당연한 것으로 여기는 시장자유주의는 물론 국가사회주의 담론과 뚜렷이 구분된다. 공동체주의자들 가운데에는 자본주의를 인정하며 개인의 자유를 강조하는 이들도 있고, 자본주의의 불평등 시스템과 국가의 억압적 지배를 모두 거부하는 공동체 사회주의자들도 있다.

아나키즘 담론은 어떤 위계나 강압도 없이 모든 개인들이 자유롭게 자신의 잠재력을 펼칠 수 있는 세상을 꿈꾼다. 그러나 자유로운 개인들이 어떻게 함께 서로 다른 의견을 조율하고 연대하며 조직을 만들고 공동의 문제를 관리할 수 있는지에 대해 제대로 해답을 내놓지 못한다. 작은 공동체를 넘어서서 국가, 지구 차원에서 어떻게 갈등과 폭력을 줄여나갈 수 있을지에 대해서 아나키스트들은 연방제라는 이론적 해답을 제안하고 있으나, 실제로 이를 실현하기 위해서는 갈 길이 멀다.

평등/불평등, 국가/개인/공동체

우리가 지금까지 살펴본 산업주의의 다섯 가지 정치담론들은 평등과 지배 시스템에 대해 서로 다른 가치를 지지하는 담론들이다. 자유주의자들은 불평등을 정당화하면서 개인들의 자유를 최고의 가치로 내세운다. 이들은 개인의 자유를 강조하지만 사실은 '거인'들의 자유를 옹호할 뿐이라는 비판을 받는다(박호성, 2009: 321). 국가사회주의자들은 자본주의 국가를 철폐하고 평등을 이루는 데 어느 정도 성공했지만 일당독재 국가라는 괴물을 만들고 말았다. 국가자본주의의 지지자들은 국가가 주도하여 자본주의를 발전시키는 전략을 택했고 급속한 경제성장을 이루는 데 성공했다. 그러나 이들 역시 권위주의적인 국가의 도래를 막지 못했다. 이런 국가 간, 계급 간 갈등 속에서 복지국가 자본주의의 지지자들은 국가의 재분배 기능을 확장하여 불평등을 줄여나가며 계급 간 타협을 통해 자본주의를 발전시키는 전략을 추진했다. 민주주의를 통해 산업자본주의를 관리하는 이 전략은 여러 선진 자본주의 국가에서 성공했지만, 지속적인 경제성장 없이는 유지될 수 없다는 한계를 드러냈다.

이러한 네 담론들은 명시적, 혹은 암묵적으로 국가의 지배를 적극 지지하거나 용인한다. 또한 기계에 바탕을 둔 공업생산이 자연을 파괴하는 것을 당연하고 필요하다고 전제한다. 그러나 공동체주의자들은 모든 개인들의 완전한 평등과 자유를 꿈꾸며 국가의 강권과 억압에 반대하는 운동을 펼쳤다. 하지만 '자유로운 개인들의 연합'이 만들어질 수 있는 조건과 그를 이끌 주체가 부족한 상황에서 이들은 역사의 주류가 될 수 없었다. 산업주의 시대에는 이런 경합하는 담론들이 서로 갈등하고 경쟁하면서 사회를 변화시켜왔다. 그 흐름은 지금도 여전히 세계에 영향을 미치고 있다.

성장주의

"영원한 경제성장은 반드시 필요할 뿐만 아니라 가능하다"

산업주의 정치담론들은 경제성장이 영원히 지속될 수 있고 반드시 필요하다는 인식을 공유하고 있다. 이것이 바로 성장주의 담론이다. 시장자유주의, 국가사회주의, 복지국가 자본주의, 국가자본주의는 모두 기계에 바탕을 둔 산업주의적 경제성장이 필요할 뿐만 아니라 영원히 가능하다고 보는 담론들이다. 다만 공동체주의 담론은 성장 담론으로부터 상대적으로 자유롭다고 볼 수 있다.

성장주의자들은 인류의 번영을 위해 자연을 착취하는 것은 당연하다고 본다. 자연은 무한한 자원의 보고이자 오염을 정화해주는 공짜 정화조다. 자연의 순수증여 시스템은 순환을 멈추지 않고 우리에게 먹을 것과 쉴 곳, 즐길 것을 제공해준다. 아낌없이 주는 나무는 오늘 그렇듯이 내일도 우리에게 모든 것을 줄 것이라고 이들은 본다. 지금까지 그러했듯이 자원이 부족하면 새로운 자원을 개발하면 되고, 환경오염이 심각해지면 정화기술을 개발하면 해결된다. 문제는 이를 해결할 수 있는 기술인데, 이 기술은 과학자들이 개발할 수 있고 거기에 드는 비용은 지속적인 경제성장으로 조달할 수 있다. 이들에게 환경은 관리의 대상일 뿐이다. 더 많은 돈을 벌기 위해 사람들 사이에 벌여야 하는 경쟁을 줄이기 위해 성장주의자들은 인간 이외의 자연을 착취한다. 그러나 이러한 성장주의 신화는 한편으로는 기후변화와 같은 생태위기, 다른 한편으로는 부채에 의존해서 성장하는 자본주의 시스템 자체의 경제적 한계 때문에 심각한 도전을 받고 있다.

제4장

생태
정치담론

우리가 앞에서 살펴본 산업주의 정치담론들은 환경문제와 생태위기가 눈앞에 드러나기 전에 발전한 정치담론들이다. 다시 말하면 자연 생태계가 인류 사회에 미치는 영향과 두 시스템의 상호작용에 대해서는 질문을 던지지 않고 인류 사회에서 사람들 사이의 관계, 즉 협동과 갈등에 관심을 집중한 담론들이 산업주의 정치담론들이다. 그런데 환경문제가 날이 갈수록 심각해져 자연이 주는 순수증여의 순환 시스템이 이제 더 이상 제대로 작동하지 않는 오늘, 우리는 새로운 정치담론을 이야기하지 않을 수 없다. 그 가운데 대표적인 몇 가지 담론들을 이야기해 보자.*

* 생태 정치담론에 대한 자세한 해설은 존 드라이제크(John S. Dryzek)의 『지구 환경정치학 담론』을 참조하시오(드라이제크, 2005).

생태권위주의

"생존을 위해 자유를 억압하라"

현대의 환경문제가 심각해지기 이전에 맬서스Thomas Malthus는 인구증가가 심각한 사회문제가 될 것이라고 예견했다. 그는 식량생산은 산술급수적으로 증가하는 반면, 인구는 기하급수적으로 증가한다고 주장했다. 그는 인구가 폭발적으로 증가할 때 많은 문제가 생기기 때문에 인구를 조절하기 위해서는 성적 금욕이 필요하지만 이것이 잘 이루어지지 않기 때문에 빈곤, 기아, 전쟁이 일어난다고 주장했다. 그는 빈민들을 구제하는 것은 인구를 늘리기 때문에 중단하는 것이 옳다고 주장했다(맬서스, 2016: 17-27). 맬서스의 주장은 당시 유럽에서 폭발적인 관심을 불러일으켰다. 그는 식량생산이 산술급수적으로 증가한다는 주장에 대한 이론적, 경험적 근거를 제시할 것이라고 말했지만 『인구론』의 개정판을 거듭 내면서도 근거를 제시하지 못했다(포스터, 2016).

그러나 맬서스의 전망과 달리 실제로 농업기술이 비약적으로 발전해서 식량생산은 모든 인류가 소비할 수 있을 만큼 크게 증대했다. 그럼에도 세계에서 빈곤이 사라지지 않고 있다. 지구 한쪽에서는 사람들이 물과 음식이 없어 죽어가고 있고, 다른 한쪽에서는 비만으로 죽어가며 음식물 쓰레기로 골머리를 앓고 있다. 미국의 초등학교에서는 점심식사를 받자마자 그대로 쓰레기통에 버리는 아이들을 보는 일이 그리 어렵지 않다. 식량생산은 비약적으로 늘었지만 그 분배는 극도로 불평등하다.

이런 상황 속에서 아프리카와 아시아의 빈곤국에서는 인구가 계속 증가하고 있다. 이 지역에서 인구가 증가하는 것은 이 지역 민중들의 삶의 질이 낮으며 유아사망률이 높고, 가족 노동력도 많이 필요하기 때문에 이들이 자녀를 많이 낳아서이다. 또한 가족계획을 세울 수 있는 여성의 권리가 약하고, 이에 대한 교육이 부족한 것도 주된 원인이다.

개릿 하딘Garrett Hardin은 1960년대에 인구폭발을 경고하며, 지구를 구하기 위해서는 권위주의적 방법을 동원해서라도 인구를 억제해야 한다고 주장했다. 그는 『공유지의 비극』이라는 유명한 논문에서 '공유지'common는 개인의 이기심 때문에 파괴되기 쉽다고 주장했다. 그는 가상의 공유지를 설정하고, 모두가 소를 방목할 수 있는 목초지에서 모든 개인이 더 많은 소를 방목하려고 하면 목초지의 풀이 사라져 모두가 공멸하는 세상이 된다는 우화를 이야기한다. 그는 모두가 소를 먹일 수 있도록 공동의 목초지를 관리하기 위해서는 '상호강제', 즉 권위주의적 지배가 필요하다고 말한다. 그는 인구증가를 억제하기 위해서는 선진국 엘리트들의 권위주의적 지도가 필수적이라고 주장했다(Hardin, 1968). 윌리엄 오펄스William Ophuls, 로버트 하일브로너Robert Heilbroner 같은 이들도, 개인은 이기적인 존재이기 때문에 공적 자산인 환경을 오염시킬 수밖에 없고 따라서 불가피하게 권위주의 정부가 환경을 보호해야 한다고 주장했다.

이러한 담론은 국가사회주의나 국가자본주의같이 국가가 중심이 되어 산업주의를 발전시켜야 한다는 성장주의 담론의 거울상이다. 생태권위주의자들은 인류 혹은 생태계의 생존을 위해서는 사회적 불평등이나 개인과 집단의 자유를 억압하는 것을 당연하게 생각한다. 생태위기가 심각해질수록 생태권위주의자들은 생존을 위해 개인의 자유를 제한하고 민주주의를 후퇴시키는 일을 정당화할 것이다.

성장의 한계

"영원한 경제성장은 불가능하다"

1970년대 이후 지구라는 행성의 한계 안에서 함께 잘사는 길에 대해 이야기하는 사람들이 늘어나기 시작했다.

1972년에 발간된 『성장의 한계』*Limits to Growth*는 지구 전체의 자원, 인구, 공업화, 식량공급, 오염 등 다섯 가지 변수가 향후 약 100년 이후 어떻게 변할지를 컴퓨터 시뮬레이션을 통해 예측한 결과를 보여주었다. 메도우즈Donella Meadows와 그 동료들은 당시의 속도로 경제성장을 지속한다면 100년 안에 자원부족, 오염심화 등의 문제로 성장은 한계에 다다르고 식량공급도 줄어들며 인구도 줄어들 것이라고 예측했다(Meadows et al, 1972).

『성장의 한계』는 지구의 생태적 한계를 둘러싸고 거대한 논란을 불러일으켰다. 마르크스주의자들은 이 책을 비판했는데, 기술의 발전으로 생산력 증대(성장)는 가능할 뿐만 아니라 인민들의 복지를 높이기 위해서는 반드시 필요하다고 주장했다. 또한 이들은 이 책이 지구의 불평등한 자원배분을 고려하지 않았다고 비판하면서 계급 간, 국가 간 불평등을 해소하는 일이 더욱 중요하다고 주장했다.

그런데 마르크스주의자들 가운데에서도 성장의 한계론을 받아들이면서 자연의 한계 안에서 자본주의를 넘어서서 평등한 세상을 추구하는 이론을 발전시킨 이들도 생겼다. 엘마 알트파터Elmar Altvater, 제임스 오코너James O'Connor와 같은 에코 마르크스주의자들은 지구의 생태적 한계 때문에 자본주의가 지속불가능하다고 주장했다(알트파터, 2007; O'Connor, 1988).

다른 한편 성장주의자들은 저자들이 기술발전의 가능성을 지나치게 과소평가했다고 비판하면서 성장은 계속될 수 있다고 주장했다.

그러나 시간이 지나면서 석유정점, 기후변화 등에 대한 새로운 사실들이 과학자들의 연구에 의해 축적되면서 『성장의 한계』의 이론적·현실적 설득력이 높아졌다. 저자들은 2004년에 발간한 30년 후 개정판(메도즈 외, 2012)에서 자신들의 예측은 틀리지 않았으며 더 빠른 정책변화가 필요하다고 주장했다.

『성장의 한계』는 제한된 정보를 바탕으로 세계 평균값을 기준으로 예측했기 때문에 자원의 배분을 다르게 할 때 생길 수 있는 해결책을 제안하지 못했다. 다시 말하면 정치사회 시스템의 개혁에 대해 충분히 이야기하지 못했다. 그럼에도 지구 전체가 하나의 시스템으로 연결되어 상호의존이 심해지고 있는 상황에서 "지구 생태계가 지탱가능한가"라는 질문을 인구문제를 포함하여 종합적으로 분석했다는 점에서 중요한 의미를 갖는다. 성장은 가능할 뿐만 아니라 필수적이고 당연하다고 생각하는 사람들이 대부분일 때 『성장의 한계』는 그런 생각이 틀렸다고 컴퓨터의 힘을 빌려 이야기했다. 이제 우리는 자연의 '한계' 안에서 '좋은 삶'을 함께 사는 길에 대해 이야기하지 않으면 안 된다는 새로운 생태 패러다임을 만나게 되었다.

지속가능한 발전과 생태적 현대화

"경제성장과 환경보호는 모두 필요하고 가능하다"

'성장의 한계'를 주장하는 이들은 기술발전만 기대하지 말고 인구는 물론, 생산과 소비를 줄여야 미래에도 잘살 수 있다고 말한다. 성장을 영원히 지속할 수 있을 것이라고 믿는 현대인들에게 '성장의 한계'는 죽음을 예언하는 묵시록으로 다가왔다. 또한 성장이 중단될 때 생길 문제에 대해서 우려하는 이들도 많았다. 이들은 더 이상 경제성장이 이루어지지 않을 때 전 지구적인 빈곤문제는 물론 불평등이 더 심화될 것을 우려한다. 산업자본주의 체제 아래에서 성장이 멈추면 실업이 증가하고, 빈곤이 심화하며, 식량부족 등으로 질병이 늘어날 수 있다. 또 사회적 갈등이 심각해질 뿐만 아니라 내전과 국제전이 확산될 수도 있다. 성장이라는 기관차에 모든 인류가 매달려 있는 상황에서 이 기관차가 멈추면 자전거가 쓰러지듯이 시스템이 망가질지도 모른다. 특히 저개발국과 빈곤층, 군소 섬 지역 주민 등 생물리적·사회경제적 약자들의 피해가 더 클지도 모른다.

이런 우려 때문에 경제성장을 지속하면서 환경문제를 해결해 나가야 한다는 사람들이 많아졌다. 이들은 '지속가능한 발전'sustainable development이나 '생태적 현대화'ecological modernization 담론을 지지한다. 지속가능한 발전 담론은 1987년 이후 유엔이 채택하여 세계적으로 보편적인 정치담론으로 발전했다. 유엔 환경과 발전에 관한 세계위원회UN World Commission on Environment and Development, 일명 부른트란트Brundtland 위원회는 1987년에 『우리 공동의 미래』*Our Common Future*라는 보고서를 발표했다. 이 보고서에서 지속가능한 발전은 "미래세대의 필요needs 충족 능력을 저해하지 않으면서 현세대의 필요를 충족시키는 발전"으로 정의되었다. 다시 말하면 미래세대가 그들의 행복을 누리면서 잠재력을 발휘할 수 있는 자원과 환경을 남겨두고 현세대가 발전을 추구해야 한다는 점을 강조한 것이다.

지속가능발전 담론이 처음 나왔을 때에는 주로 환경문제

에 관심이 집중되었다. 그러나 1990년대 이후 구체적인 정책으로 발전하면서 경제, 사회, 환경, 세 축의 지속가능성을 균형 있게 조화시켜야 한다는 이야기가 주류를 이루었다. 2015년에 유엔은 2030년까지 각국 정부가 추진할 세계적인 목표로서 지속가능발전 목표를 정하고 이 목표를 실현하기 위해 함께 협력하기로 결의했다. 지속가능발전과 생태적 현대화 담론은 경제성장과 환경보호를 함께 이룰 수 있고, 그렇게 하는 것이 필요할 뿐만 아니라 바람직하다고 본다.

이 담론들은 시민들의 참여와 역량의 강화를 통해 국가를 지렛대로 삼아 시장, 사회, 국가를 생태적으로 개혁해야 한다고 보는 담론이다. 이 담론은 산업주의 체제의 근본적인 전환이 아니라 제도 개혁에 관심을 집중한다. 복지국가 자본주의를 생태적으로 개혁하거나 권위주의적인 국가자본주의를 생태적이고 민주적인 국가로 개혁하자는 담론이다.

지속가능발전 담론은 하나의 이론이라기보다는 '민주주의'라는 말처럼 하나의 기호나 상징에 가깝다. '민주주의'라는 말은 쓰는 이에 따라 '대화와 타협', '법치', '민중주권', '다수결', '참여와 숙의' 등 매우 다양한 의미로 사용된다. 이처럼 지속가능발전 담론을, 어떤 이들은 좀 더 평등하고 생태적인 미래를 만들기 위한 적극적이고 창조적인 전략이라는 의미로 사용하고, 어떤 이들은 경제적 발전이나 개발을 지속하기 위해 환경이나 사회문제를 관리하고 해결하는 인습적인 전략이라는 의미로 사용한다. 분명한 것은 자연과 사회가 망가지기 쉽기 때문에 이들을 지탱가능하게 하지 않으면 안 된다는 규범적, 실천적 의미가 지속가능발전 담론에 내포되어 있다는 점이다. 현세대 사람들은 자연과 사회의 한계를 받아들이고 미래세대가 스스로의 필요를 충족할 수 있도록 그 몫을 남겨놓아야 한다는 것이다.

경제, 사회, 환경의 균형적인 발전을 지향하는 정치담론이 지속가능발전 담론이라면 경제와 환경의 균형적인 발전을 지향하는 이론적 담론은 생태적 현대화 담론이다. 1980년대 이후 유럽에서는 환경문제를 해결하면서 경제성장도 함께 이룰 수 있고, 그렇게 해야 한다는 담론이 발전했다. 마틴 예니케Martin Jaenicke 같은 이들은 네덜란드, 독일, 일본 같은 나라들이 환경을 오염시키는 더러운 경제성장이 아니라 환경을 보호하고 자원을 절약하는 새로운 형태의 기술과 이를 지원하는 정책들을 동원하여 경제성장과 환경보호의 조화를 이루는 데 성공했다고 주장했다(예니케, 1995). 아서 몰Arthur Mol은 산업주의에 바탕을 둔 근대화 이론과 달리 생태적 현대화론은 현대화 자체를 비판적으로 성찰하는 새로운 현대화 담론이라고 주장했다(Mol, 1992).

그러나 이러한 주장들은 일부 선진국의 생태적 근대화 사례가 개발도상국이나 저개발국에서는 실현되기 어려울 뿐만 아니라, 선진국의 성공 사례 자체도 기술개발 덕분이고, 오염을 개발도상국으로 도피시켰기 때문이라는 반론으로부터 자유롭지 못하다. 또한 기후변화와 같은 지구적인 환경문제를 해결하는 데 현재의 정책과 기술발전은 뚜렷한 한계를 보인다는 비판도 제기되었다.

녹색 낭만주의

"자연으로 돌아가자"

근대는 신, 미신, 마법을 몰아내고 그 자리에 사람과 이성을 불러왔다. 신과 자연의 신비와 은총으로 여겨졌던 많은 일들이 자연의 법칙 혹은 우연성으로 여겨지기 시작했다. 그런데 신, 미신, 마법이 사라진 자리에 기계, 과학, 돈과 같은 물신物神이 새롭게 등장했다. 녹색 낭만주의자들은 현대의 생태사회위기의 근본원인은 인류, 진보, 기계, 경제, 자본, 산업과 같은 지배적인 담론과 구조라고 본다. 이 때문에 이들은 이런 인류중심, 산업중심주의를 극복하기 위해 대안적인 문명과 의식을 발전시켜야 한다고 주장한다. 심층생태론Deep Ecology의 주창자인 아느 네스Arnes Naess는 모든 종은 원칙적으로 평등하다고 보았다. 모든 종은 인간의 필요가 아니라 그 존재 자체로서 내재적 가치를 갖는다(Naess, 1973).

1960년대 이후 미국과 유럽의 많은 젊은이들은 주류 문화에 반대하여 자연으로 돌아가는 다양한 형태의 운동을 벌였다. 지구를 지키기 위해 직접행동을 마다하지 않는 얼스퍼스트Earth First! 같은 단체들도 이때 생겨났다. 오늘날 지구 이곳저곳에서 의식과 삶을 녹색으로 바꾸어서 대안적인 세상을 만들어가려는 사람들이 활동하고 있다.

이들의 주장은 매우 근본적이고 규범적으로 올바르다. 그러나 거대한 사회구조를 어떻게 녹색으로 바꾸고 사람들을 어떻게 설득하며 제도를 만들어갈 것인지에 대해 적절한 해답을 제시하지 못한다. 또한 인류가 생존하기 위해 다른 종을 먹고, 그들의 서식지를 침해할 수밖에 없다고 생각하는 사람들은 녹색 낭만주의자들을 '생태근본주의'라고 비판한다. 인간 이외 존재와 사회경제적으로 약한 사람들의 이해가 충돌할 때 우리는 어떤 기준으로 어떻게 판단해야 할까? 이 문제는 생태민주주의를 논의할 때 다시 이야기해 보자.

생태적 공동체/어소시에이션

"생태적 공동체와 결사들의 연합으로 자유롭고 평등하며 생태적인 세상을 만들자"

지속가능한 발전과 생태적 현대화 담론은 산업주의 경제성장을 유지하면서 생태위기와 사회적 불평등을 기술개발과 제도개혁으로 해결하려고 한다. 환경문제와 사회적 불평등, 빈곤문제를 해결하기 위해서는 경제성장이 필요할 수도 있다.

그런데 산업주의적인 경제성장은 지속하기 어려울 뿐만 아니라 인류가 함께 행복한 세상을 만들 수도 없기 때문에 산업주의를 넘어서는 새로운 혁명이 필요하다고 주장하는 사람들이 있다. 이들은 산업자본주의를 국가에 맡겨서 해결하려고 할 때에는 국가라는 지배와 억압 체제 때문에 개인의 자유가 억압될 뿐만 아니라, 국가안보라는 이름으로 언제나 잠재적인 전쟁상태에 놓여 있을 수밖에 없다고 본다.

가라타니 고진은 국가를 국가 안과 밖에서 해체하고 자유로운 개인들의 결사와 그 결사들의 연합(어소시에이션의 어소시에이션)으로 세계공화국을 만들어 평화롭고 평등하고 자유로운 세상을 만드는 이상을 제안한다.

머레이 북친Murray Bookchin은 인간의 인간에 대한 지배를 끝내야만 인간의 자연에 대한 지배를 끝낼 수 있다고 보았다. 그래서 그는 국가가 아니라 리버테리언(자유지상주의적) 지역자치주의libertarian municipalism를 통해 자본주의와 산업주의 체제를 혁명적으로 극복하고 국가와 불평등한 위계제hierarchy를 철폐해야 한다고 보았다. 그는 소비에트 러시아(소련)의 관료주의와 일당독재를 엄중히 비판했다(북친, 2012).

생태 정치담론 — 현실과 유토피아 사이

성장주의자들은 지구라는 행성의 한계를 외면하고 미래세대와 비인간자연의 행복과 가치에 무감하다. 생태권위주의자들은 성장주의라는 괴물을 물리치기 위해 권위주의라는 또 다른 괴물을 불러왔다. 성장의 한계론자들은 생태계의 한계를 강조하며 생존을 위한 행동이 긴급하다고 외쳤지만 종말론의 이미지를 벗어나지 못했다. 지속가능발전론과 생태적 현대화의 지지자들은 현실주의자들의 감각으로 경제성장과 환경보전, 그리고 사회적 발전을 함께 이루는 전망과 정책을 제시했다. 그러나 지구적인 불평등을 해결할 비전을 제시하지 못했으며 성장을 어떻게 지속할 수 있을지도 설득하지 못하고 있다. 녹색 낭만주의자들은 현대의 산업주의 구조와 생활양식, 의식을 유지시킨다면 생태위기를 극복할 수 없다고 본다. 이들은 급진적이고 근본적이지만 사회구조를 어떻게 바꿀지, 다른 사람들을 어떻게 설득할지 해답을 잘 제시하지 못하고 있다. 생태적 어소시에이션을 주창하는 사람들은 생태적인 공동체와 어소시에이션, 그리고 대안적인 도시들의 연합 또는 연방을 만들어서 산업문명과 국가를 생태적으로 변화시켜야 한다고 주장한다. 그러나 이 거대한 비전을 누가 어디서 어떻게 실현할지 제대로 이야기하지 못한다.

이런 담론들은 현대의 생태사회위기의 원인과 대응방안에 대해 전혀 다른 관점 위에 서 있는 이야기들이다. 그런데 현실은 이런 다양한 생각들을 가진 사람들이 모여서 서로 갈등하고 협력하며 살아가는 야생의 들판과 같다. 우리는 물리적으로 지탱불가능할 뿐만 아니라 도덕적으로 올바르지 못한 담론들을 비판하고, 이상적인 유토피아 담론들의 도덕적 정당성을 푯대로 삼으며 현실적으로 실현가능한 담론을 모색하고 이를 실천해야 할 것이다. 생태민주주의는 그런 길을 찾아가는 매우 설득력 있는 담론이다.

제5장

생태민주주의란 무엇인가?

느리고 비효율적인 민주주의?

환경문제는 그 원인이 복잡하고, 영향도 장기적인 경우가 많다. 또한 문제를 일으킨 원인과 그에 대한 책임이 기업이나 개인들에게 돌아가는 경우도 있지만 기후변화의 경우처럼 화석연료를 사용하는 기업, 정부, 개인 모두가 책임을 져야 하는 경우도 적지 않다. 이 때문에 국가나 '세계정부'가 권위주의적으로 강권을 동원해서라도 지구를 지켜야 한다고 주장하는 사람들이 많다. 이들은 '세계정부'가 현실적으로 어렵기 때문에 국가가 전문가와 관료를 동원하여 정책을 만들고 이를 강력하게 집행해야 한다고 생각한다. 대부분의 사람들은 단기적으로 자신의 이익에만 관심을 집중하기 때문에 공동의 문제인 환경문제를 해결하는 것을 시민들에게

맡길 수는 없다는 것이다. 이들은 민주주의는 효율적으로 의사결정을 하고 정책을 집행하는 데 한계가 분명하다고 본다.

재난과 권위주의

그런데 기후변화로 홍수와 가뭄이 빈발하여 식량이 부족해지자 곡물가격이 폭등하고 전염병이 창궐하여 전쟁이나 심각한 사회갈등이 일어나는 상황을 상상해 보자. 권위주의 정부와 민주주의 정부가 각각 어떻게 생태사회위기에 대응할지 생각해 보자. 권위주의 정부는 중요한 의사결정을 지배세력이 독점하여 민중들의 목소리에 귀기울이지 않고 사회경제적 약자를 배제하는 정부이고, 민주주의 정부는 권력을 민중들과 나누고 그들의 목소리를 경청하며 사회경제적 약자를 포용하는 정부라고 정의할 수 있다.

권위주의적인 정부라면 이런 위기에 대응하기 위해 '유언비어'를 단속하고 모든 결정권을 독점할 뿐만 아니라 치안이 위태롭다는 이유로 계엄령을 내려 시민의 자유를 억압할 수도 있다. 집권 정치인들과 관료들은 자신들도 겪어보지 않은 상황에 우왕좌왕하며 '질서'를 강조할 것이다. 운이 좋아서 이들이 위기를 잘 관리하고 극복할 수도 있겠지만 이들의 불투명한 의사소통, 취약한 위기관리 능력 탓에 위험이 더욱 확산되고 커진다면 자연재난은 사회적 재난으로 확대될 것이다. 만약 정부가 부패하고 무능한 데다 군사력을 부유한 지배집단을 보호하는 데 사적으로 사용한다면 그 나라는 내전에 빠지고 말 것이다. 이런 암울한 시나리오는 당연히 피하고 싶은 미래이지만 민주주의 없는 권위주의 국가가 생태위기에 닥쳤을 때 맞을 수 있는 미래일 뿐만 아니라, 현재에도 이와 비슷한 상황이 지구 곳곳에서 실제로 일어나고 있다.

캐나다의 저널리스트 나오미 클라인Naomi Klein은 "환경을 규제하려는 시도를 막고 성장을 계속하려는 경제 시스템은 군사적, 환경적, 경제적 재난을 계속 발생시켰고" 결국 "시장이 재난을 낳고 있다"고 말한다(클라인, 2008: 541). 그녀는 『쇼크 독트린』이라는 책에서 신자유주의 정부와 결합된 재난자본주의 복합체가 재난을 이용하여 '안전'을 명분으로 권력을 강화하고 부를 축적하며 민주주의를 억압하는 현실을 잘 보여주었다.*

* 이명박 정부는 기후변화에 대응한다는 명분을 내걸고 4대강 사업과 원전확대 정

반면에 만약 어떤 정부(중앙 또는 지방)가 평소에 시민과 자유롭게 소통하여 정보가 투명하게 공개될 뿐만 아니라 시민이 중요한 정책결정과 집행과정에 참여하고 정부 정책을 모니터링한다고 하자. 중요한 정책결정 과정에 참여한 시민들은 그 정책의 장점과 단점을 이해하기 때문에 성공할 때뿐만 아니라 실패했을 때에도 그 과정에 대해 이해할 수 있다. 이런 상호작용이 지속될 때 시민은 정부에 대해 신뢰를 갖게 되고, 작은 신뢰는 큰 신뢰로 확대되고 순환된다. 평소에 소통과 신뢰라는 자산을 가진 정부는 위기를 맞았을 때에도 시민과 잘 소통할 수 있을 뿐만 아니라, 신뢰를 바탕으로 시민들의 동의와 참여를 이끌어낼 수 있다. 이런 사회에서는 시민사회 내에서도 시민들 사이의 소통이 활발하고 신뢰는 높다. 재난이 닥쳤을 때 이들은 상점을 약탈하는 것이 아니라, 위험에 빠진 이웃을 돕기 위해 팔을 걷어붙인다.

권력을 소수에 집중하는 권위주의는 겉으로는 강해 보이지만 정치경제적 소수자를 배제하고 권력을 가진 이들이 모든 결정과 권한을 독점하기 때문에 정치 과정과 결과 두 측

책을 권위주의 방식으로 강행했다. 권위주의자들은 잠재적 혹은 실제적인 자연재난이나 사회재난을 자신들의 부와 권력을 지키고 늘리는 데 이용하며 약자들을 억압하고 자연을 착취하는 데 힘을 기울인다.

면에서 도덕적으로 올바르지도, 실제적으로 유능하지도 않다.* 무엇보다 중요한 문제는 권위주의는 배제와 갈등을 권력 유지를 위한 자원으로 삼기 때문에, 사회경제적 약자들을 정치경제적으로 차별하고 억압한다는 점이다. 정치 과정과 결과에서 지속적으로 배제된 사람들은 지배세력에 대해 적극적으로 저항하거나 소극적으로 복종하는 척하기 때문에 전체 공동체는 유기적인 협동이 이루어지지 않고 파괴적인 갈등의 악순환에 빠지기 쉽다. 다시 말하면 권위주의는 산업주의든 생태주의든 도덕적으로 올바르지 않을 뿐만 아니라, 단기적으로 문제를 해결한다 하더라도 장기적으로 사회의 저항운동을 막을 수 없다.**

결국 권위주의가 아니라 민주주의를 살려나가는 것이 해답이다. 그런데 오늘과 같은 생태위기 시대에 산업주의 시대의 현세대 인간중심주의anthropocentrism에 바탕을 둔 민주주의로 문제를 해결할 수 있을까?*** 우리에게는 어떤 민주주의

* 박근혜 정부의 무능, 불법과 부패를 생각해 보자.

** 1960년 4·19혁명, 1979~1980년과 1987년의 민주화운동, 2016~2017년 촛불혁명과 같은 역사적 사건이 구체적인 사례다.

*** 인간중심주의 또는 인류중심주의란 인간이 우주에서 가장 중요하고 인간 이외 존재들은 인간의 필요에 따라 그 가치가 평가되고 도구적 가치만을 갖고 있다고 보

가 필요한가?

생태민주주의란 무엇인가?

민주주의는 말하는 이에 따라 매우 다른 의미를 갖는다. 어떤 이는 민주주의란 법과 질서, 절차를 잘 지키는 것이라고 말한다. 어떤 이는 공산주의에 반대하고 '자유를 수호'하는 것이 민주주의라고 말한다. 어떤 이는 정치 지도자를 선거로 뽑는 것이라고 말하고, 또 어떤 이는 법 앞에 모두가 평등한 것이라고 말한다. 또 어떤 이는 경제적으로 공평하고 좀 더 평등한 것이 민주주의라고 말한다. 이처럼 민주주의는 보는 이에 따라 매우 다른 의미로 이해된다.

민주주의는 문자 그대로 보면 민民, 즉 국민, 시민, 민중, 인민 등 다수 대중이 주인이 되는 정치라고 할 수 있다. 영어로 democracy에서 demos는 민중, 대중, 인민이라는 의미다. 그러니까 귀족정aristocracy, 관료제bureaucracy, 기술전문가지배

는 담론이다. 이에 반해 생태중심주의(ecocentrism)는 인간이나 비인간자연이 모두 동등한 내재적 가치를 갖고 있다고 보는 담론이다. 생물중심주의(biocentrism)는 생물에 관심을 집중하며 개별 생명의 권리와 가치를 중시하는 담론이다.

technocracy, 능력자지배meritocracy(능력주의)가 아니라 민중이 민중 스스로를 지배하는 정치체제와 과정이 민주주의다.* 다시 말하면 민중이 스스로를 지배하는 것이므로 자기지배요, 자치라고 말할 수도 있다. 고대 그리스 아테네에서는 여성, 노예 등을 제외하고 시민권이 있는 남자들이 모여서 서로 토의하고 협의하여 중요한 정치적 의사를 결정했다고 한다. 그러나 인류가 기술과 함께 지성과 지혜를 발전시키면서 권리의 주체는 모든 민중으로 확대되어 왔다. 요약하면 민주주의란 민중(시민, 인민, 대중)이 (국가) 공동체의 의사결정에 참여하여 자신들의 삶의 조건을 스스로 결정하는, 즉 민중이 정치의 주체로 활동하는 사회적 과정이라고 말할 수 있다.

민주주의의 주체는 역사적으로 확장되었다. 고대 그리스에서는 시민권 있는 남자들만 민주주의의 주체였지만 1789년 프랑스대혁명 이후에는 새롭게 등장한 부르주아들이 동참했다. 1917년 러시아혁명 이후 노동자, 농민이 당당하게 정치의 주체가 되었다. 여성운동이 발전하면서 여성들의 정

* 기술전문가지배는 과학기술자들에게 특권을 주고 보통사람들의 풀뿌리 지식을 배제하여 지배계급의 이익을 유지하고 재생산하는 시스템이다. 원자력 분야가 대표적인 사례다. 능력자지배(meritocracy: 능력주의)는 능력 있는 사람들이 지배자가 되는 것을 정당화하는 정치체제와 담론을 말한다. 학벌을 중시하는 문화도 능력자지배의 한 형태다.

치적 권리도 급속히 확장되었다. 1968년 혁명 이후 성소수자, 이주민 등 다양한 소수자들이 정치의 주체가 되었다.

그런데 이들은 모두 현세대present generation 사람human being이라는 공통점을 갖는다. 정치, 사회경제적으로 주변부에 있던 사회집단들이 정치경제적 권리를 확장해 왔지만 아직 태어나지 않은 미래세대, 청소년, 어린이는 정치의 주체가 되지 못했다. 그런데 이보다 더 근본적인 문제는 인간 이외의 존재non-human being는 여전히 인간의 필요를 위한 도구적 가치만을 가질 뿐, '존재 그 자체로서의 가치', 즉 내재적intrinsic 가치는 인정되지 않고 있다는 점이다.

원전은 한번 지으면 기껏해야 30년에서 60년 정도 전기를 생산하지만, 거기서 나온 부품과 사용후 핵연료는 강한 방사선과 높은 열 때문에 적어도 수만 년 동안 안전하게 보관하고 관리해야 한다. 아직 태어나지 않은 인류의 후손들은 자기들은 쓰지도 않은 전기 때문에 원전폐기물을 관리하는 데 골머리를 썩여야 한다.

원전사고는 인간에게 치명적인 건강 영향을 미칠 뿐만 아니라 동물들에게도 엄청난 고통을 준다. 후쿠시마 원전사고로 폐허가 된 원전주변 지역에서는 버려진 동물들이 힘겹게 죽어가야 했고 지금도 고통을 겪고 있다(오오타 야스스케,

2013). 이런 사실들을 보면서 인류는, 나와 멀리 떨어진 다른 사람들은 물론 동물에 대한 공감 능력도 키워왔다. 야생동물, 반려동물, 가축(농장동물), 실험동물의 고통을 자신의 고통처럼 느끼며 이들의 고통을 줄이고 복지를 높이기 위해 동물복지, 동물해방, 동물권리운동을 벌이는 사람들이 늘어나고 있다.

생태민주주의의 주창자들은 이런 상황에서, 현재의 정치과정에 참여하지 못하는 미래세대는 물론 비인간존재의 권리를 인정하고 이들의 대리인이나 후견인들이 정치과정에 참여해야 한다고 주장한다. 인류라는 종이 자연에서 태어나 자연에 기대어 진화하여 자연의 순수증여를 받으면서 오늘에 이르렀지만, 인류는 원전, 핵무기, 화학물질, 기후변화 등 수많은 환경문제를 일으켜 자연의 순환 시스템을 파괴하고 있다. 그러므로 비인간존재의 생존과 생명의 권리를 인정하고 이들의 대리인 혹은 후견인들이 참여하는 가운데 중요한 의사결정을 해야 한다는 주장이 많은 사람의 공감을 얻고 있다.

생태민주주의는 '사회경제적 약자와 미래세대는 물론 비인간존재의 내재적 가치를 인정하고 이들이나 이들의 대리인 혹은 후견인들이 이들의 권리와 복지를 실현하기 위해 소통하고 숙의하고 행동하는 정치'라고

정의할 수 있다. 생태민주주의는 다음과 같은 점에서 인간 중심의 민주주의와 차이가 있다. 첫째, 생태민주주의는 인간 이외의 존재, 즉 동물, 식물, 미생물은 물론 무생물(강과 산 등)도 인간의 필요와 상관없이 그 자체로서 내재적 가치를 갖고 있다는 윤리적·도덕적 토대 위에 있다. 내재적 가치를 갖고 있다는 말은 이들이 바로 현세대 인간처럼 법적 권리를 갖고 있다는 것을 의미하는 것은 아니다. 그러나 생태민주주의자들은 지구 생태계의 일원으로서 모든 생물은 스스로 존재할 권리가 있다고 보고, 이들이 더 좋은 삶을 살도록 도와줄 의무가 인간에게 있다고 본다.

둘째, 아직 태어나지 않은 미래세대의 권리와 복지에 대해 민감하고 이에 대해 숙고해야 하는 현세대의 책임을 강조한다.

셋째, 미래세대와 비인간존재의 필요needs에 대해 숙고하고 이들이 보내는 신호를 듣고 이해하고 이를 현세대 인간들과 소통하는 것이 필요할 뿐만 아니라 가능하다고 생태민주주의자들은 생각한다. 그렇기 때문에 이들을 대리하거나 후견할 수 있는 사람이나 집단, 즉 환경운동단체, 동물보호단체, 변호사, 생태학자들의 목소리에 귀를 기울여야 한다.

넷째, 생태민주주의자들은 강권을 동원하는 것이 아니라,

생각이 다른 사람들과 토론하고 숙의하며 변화를 위해 행동한다. 이 점에서 생태민주주의자들은 생태권위주의자와 뚜렷이 구분된다.

생태민주주의는 어떤 가치를 지향하는가?

생태민주주의자들은 **평등, 미래세대, 생태적 지속가능성, 생명, 협동, 숙의, 자치**와 같은 가치를 지향한다. **첫째, 생태민주주의자들은 현세대의 사회경제적, 환경적 불평등을 줄이고 평등한 사회를 만드는 것을 지향한다.** 생태위기는 전 지구적으로 심화되고 있지만, 그 피해는 사회경제적, 생물학적 약자들에게 더 크게 영향을 미친다. 황사와 미세먼지는 한반도 전체를 뒤덮지만 어떤 이들은 공기정화기가 있는 집이나 사무실에서 이를 피하고 어떤 이들은 공사장에서 벽돌을 나른다. 도시인들이 전기를 펑펑 쓰는 동안 석탄화력발전소, 원자력발전소 주변 지역 주민들, 송전탑이 거미줄처럼 휩쓸고 지나가는 마을 주민들은 한숨을 쉰다. 생태민주주의자들은 이런 불평등을 줄이고 모든 인간들이 기본적인 필요를 충족하면서 자신의 잠재력을 발휘할 수 있는 세상을 만들어야 한다고 본다. 더 이상의 경제성장은 불가능할 뿐만 아니라 불필요하다고 주장한 생태경제학자 허먼 데일리(Herman Daly, 1991)는 일정한 소득을 넘어서는 부에 대해서는 100% 세금을 물려서 불평등을 완화하는 데 써야 한다고 말한다.

둘째, 생태민주주의자들은 아직 태어나지 않은 미래세대가 안전하게 잘살 수 있는 권리를 존중하고 이들의 필요를 충족할 수 있는 능력을 저해하지 않을 현세대의 책임을 중시한다. 지구 행성의 생물물리적 한계가 분명한 상황에서 현세대가 재생불가능한 자원을 모두 사용하거나 재생가능한 자원을 재생되는 속도보다 더 빠르게 사용해서 미래세대의 몫을 빼앗아 고갈시키는 것은 윤리적으로 허용될 수 없다.

셋째, 생태민주주의자들은 지구의 생물물리적 한계를 중시하고 생태적 지속가능성을 우선적으로 강조한다. 지구는 거대한 행성이지만 산업혁명 이후 인류의 물리적 영향이 너무 커서 기후 체계의 균형이 무너지고 생물의 종다양성이 급속히 감소하는 위험에 처해 있다. 생태민주주의자들은 하나의 전체 체계로서 지구 생태계의 지속가능성을 유지하고 안정시키는 데 관심을 집중한다.

아느 네스Arne Naess와 같이 심층생태론Deep Ecology을 주장하는 이들은 모든 생물이 평등하다는 점을 강조하면서 생태계를 전체론holism의 관점에서 바라본다. 이렇게 보면 개별 동물이나 생명도 중요하지만 지구 전체 생태계의 조화와 균형, 지속가능성을 높이는 일이 주된 관심이 된다.*

우리나라 생명운동의 중요한 문건인 『한살림선언』에서 생명은 기계와 달리 유기적인 전체 생명 혹은 우주의 일부분이면서 그 안에 전체를 내포한다는 복합적인 의미를 갖고 있다. 다른 한편 물리학자 장회익은 생명을 "우주 내에서 형성되는 지속적 자유 에너지의 흐름을 바탕으로, 기존 질서가 새로운 질서의 모태가 되어, 지속적인 성장을 가능케 해 나가는 그 어떤 '정보적 질서'의 총체"라고 정의한다. 그는 태양—지구계와 같은 항성—생태계가 자족적이므로 그것을 진정한 의미의 생명단위인 '온생명'이라고 표현한다. 그는 인간이 온생명을 '나'로 의식하는 새로운 의식의 단계에 이르러야 할 것이라고 말한다. 이러한 그의 관점은 전체로서의 우주의 관점에서 생명을 이해하는 관점이다(장회익, 1995; 한면희, 1997).

* 심층생태론자들은 인간중심주의가 생태위기의 근본원인이라고 진단한다. 그러나 머레이 북친(Murray Bookchin)은 이런 관점이 인간 대 자연이라는 잘못된 대립구도로 나아간다고 비판한다. 그는 환경문제에 아무런 책임이 없는 가난한 흑인 여자 어린이에게 인간이라는 이유로 책임을 묻는 것은 부당하다고 본다. 그러므로 공업 중심의 자본주의를 넘어서는 사회적 생태주의가 필요하다고 그는 주장한다.

넷째, 생태민주주의자들은 개별 생물의 내재적 가치를 존중하고 비인간 생물들이 인간으로 인해 고통을 받지 않도록 배려해야 할 인간의 책임을 강조한다. 이들은 말 못 하는 동물이나 식물은 그 자체로 소중하기 때문에 이들의 생명을 지키는 데 관심을 집중한다. 피터 싱어Peter Singer는 공리주의자의 관점에서 동물이 느끼는 고통이나 쾌락이 인간이 느끼는 동일한 양의 고통이나 쾌락보다 중요하지 않다는 생각은 도덕적으로 정당화되지 않는다고 말한다. 다시 말하면 동물도 고통을 느끼는 한, 인간과 마찬가지로 이익을 갖고 있기 때문에 그들의 이익을 고려해야 하며, 그들을 도덕적 배려의 대상으로부터 배제하는 것은 정당하지 않다고 말한다(싱어, 2012: 49; 410). 생태민주주의자들은 인간이 만물의 중심이며 특권을 갖고 있다는 생각에 반대한다.

다섯째, 생태민주주의자들은 생태사회위기의 구조적 원인이 산업자본주의 시스템이라고 보고 이를 생태적으로 지속가능한 경제로 전환시켜야 한다고 본다. 다시 말하면 이들은 기계에 바탕을 둔 공업 중심의 경제성장이 아니라, 서로 협력하면서 공동체를 살려가는 대안적인 협동의 경제를 발전시켜야 한다고 본다. 상품교환 중심의 시장경제, 약탈/재분배 중심의 국가경제를 벗어나 자연의 순수증여 시스템 안에서 호혜적인 경제를 확장시켜야 한다는 것이다.

여섯째, 생태민주주의자들은 모든 사람들, 특히 사회경제적 약자들이 참여하여 숙의deliberation**할 때 좀 더 생태적이고 민주적인 의사결정을 할 수 있다고 본다.** 이 숙의 과정에 어린이, 청소년은 물론 비인간생물의 후견인이나 대리인이 참여한다면 현세대 인간 중심 민주주의의 단점을 줄일 수 있을 것이다.

일곱째, 생태민주주의자들은 자연을 파괴하고 전쟁을 일상화하는 정치 시스템을 세계시민의 관점에서 자치와 평화의 정치로 바꾸어야 한다고 본다. 이들은 생태적이고 자치적인 연방들이 자연과 사회의 공적 관리자로서 지구의 평화를 만들어가는 이상을 제안한다.

위의 일곱 가지 지향 가운데 **'평등, 미래세대, 생태적 지속가능성, 생명'이 생태민주주의의 주체와 가치지향과 관련된 것이라면 '협동, 숙의, 자치'는 생태민주주의를 실현하는 정치경제적 과정 및 제도와 관련된 것이다.** 그러면 이제 생태민주주의를 어떤 과정으로 어떻게 실현할 수 있을지 좀 더 자세히 이야기해 보자.

생태적으로 지속가능한 경제

현세대와 미래세대 그리고 모든 생명이 함께 잘사는 이상을 실현하기 위해서는 어떤 경제 체제가 필요할까? 생태민주주의자들은 산업자본주의의 구조를 바꾸어야만 생태사회위기를 극복할 수 있다고 본다. 환경친화적 기술을 아무리 발전시킨다 하더라도 인구가 급증하고 소비가 늘어나는 한 지구의 생태계는 균형을 유지할 수 없다. 기후변화는 이를 잘 보여주고 있다. 더 많은 생산과 소비, 그리고 이를 위한 더 많은 부채의 악순환을 지구는 감당할 수 없다.

지구의 생태적 한계에 관심을 집중한 생태경제학자 허먼 데일리Herman Daly는 현대의 경제 시스템이 생태계의 한계를 의도적으로 무시하고 이를 괄호 속에 넣어버리면서 최적의 환경오염과 자원사용이 무엇인지에만 관심을 집중한다고 비판한다. 그는 '최적'이 중요한 것이 아니라 지구의 한계가 있다는 사실이 더욱 중요하기 때문에, 한계를 고려한 경제 시스템을 만드는 것이 더욱 근본적이고 필수적이라고 강조한다. 이러한 전제를 바탕으로 그는 (1) 재생불가능한 자원은 대체품을 생산할 수 있는 한계 내에서 사용하고, (2) 재생가능한 자원은 그것이 재생되는 속도 안에서 사용하며, (3)

폐기물은 지구의 오염정화능력 안에서 배출 속도를 유지해야 한다는 원칙을 제안한다.

다시 말하면 지구의 한정된 저량stock을 최대한 유지하면서 관류량throughput을 줄여서 미래세대도 잘살 수 있는 시스템을 만들어야 한다는 것이다. 그는 인류는 더 많은 소비를 하지 않고도 여가를 즐기며 행복한 삶을 살 수 있다고 말한다. 그렇다고 그가 현재의 불평등한 자원과 불평등의 배분 상태를 정당화하는 것은 아니다. 다시 말하면 자본투자와 자연파괴를 최소화하면서 기술발전을 지속시키면 현재 인류의 풍요와 행복을 줄이지 않고 더 공평하고 더 지탱가능한 미래를 만들 수 있다는 것이다. 중요한 점은 지구의 생태계 한계 때문에 그렇게 하지 않으면 지구는 지탱불가능하다는 것이다(데일리, 2016; Daly, 1991).*

생태적으로 지속가능하면서 사람들이 잘살 수 있는 경제는 어떤 경제일까? 여기서 우리는 세금을 걷어 재분배하는 국가경제, 화폐를 매개로 모든 것을 상품으로 거래하는 시장경제와 구분되는 사회적 경제에 관심을 기울이게 된다.

* 허먼 데일리의 정상(안정)상태경제론(steady-state economics)은 디에츠와 오닐(2013)이 쓴『이만하면 충분하다』에 잘 소개되어 있다.

사회적 경제는 시장의 영리적 목적과 구분되는 사회적 목적, 즉 사회경제적 약자 지원, 상호부조, 환경보전 등을 위해 이루어지는 경제 활동을 이르는 말이다. 협동조합이나 사회적 기업이 사회적 경제의 대표적인 경제주체들이다.

사회적 경제의 대표적 사례인 협동조합은 증여와 답례라는 상호적인 교환을 조합원들이 평등하게 실현할 수 있는 경제조직이다. 주식회사는 1주 1표의 원칙에 의해 대주주가 왕王인 체제이지만, 협동조합은 1인 1표의 민주주의가 작동하는 체제다. 물론 협동조합이 1인 1표의 원칙으로만 운영되는 것은 아니지만, 그 원칙이 갖는 민주적 의미는 매우 크다. 협동조합은 조합원의 경제적 이익을 위한 영리집단이면서, 동시에 사람들 사이의 협동을 조직하는 결사체(어소시에이션)다. 기업이 이익을 위해 자연과 사람을 토지와 노동력이라는 상품으로 취급하며 비용을 줄이는 데 온 힘을 기울일 때, 협동조합은 조합원들의 삶을 살리면서 공동의 이익을 얻기 위해 노력한다. 물론 이런 개념 정의와 달리 현실에서는 이름만 협동조합일 뿐 관료제의 비효율과 무능력 탓에 사라져가는 협동조합도 적지 않다. 협동하는 사람들도, 협동의 정신도 없이 공동의 '이익'에만 관심 있는 이들이 모일 때, 협동조합은 협동 없는 기업일 뿐이다.

협동조합 외에도 다양한 형태의 경제조직이 자연과 사람을 살리는 생태적이면서 사회적인 경제를 발전시키고 있다. 공정무역 기업, 마을기업 등 다양한 형태의 사회적 기업들이 이곳저곳에서 생겨나고 있다. 이러한 생태적이고 사회적인 경제 부문이 연결망을 이루어 하나의 자립적인 영역을 이루면 이것이 갖는 사회적 의미는 매우 크다. 산업자본주의가 경제의 주류를 형성하지만, 그 구조에 연결되어 있으면서도 비자본주의적이면서 생태적인 경제영역이 형성되고 유지되기 때문이다. '회사인간'으로 살기 싫거나 그럴 능력이 없는 사람들이 자립과 협동의 연결망 속에서 기본적인 필요를 충족하며 평화로운 삶을 사는 세상은 실현가능한 꿈이다.

시민참여와 숙의

이제 우리는 우리 삶의 세계를 지배하는 또 다른 핵심 시스템, 정치에 대해 생각해 보자. 미래세대와 비인간생물이 함께 어울려 사는 세상을 만들기 위한 정치제도를 만든다고 할 때, 이를 누가, 어떻게 결정할 것인가? 이 문제는 권력을 누가 어떻게 행사하는가 하는 문제와 곧바로 연결된다. 권력은 타인의 의사와 관계없이 의사결정을 하고 이를 실행할 수 있는 힘이라고 말할 수 있다. 민주주의 국가에서 권력은 국민으로부터 나온다고 하지만 실제로는 입법, 행정, 사법의 지배 엘리트들과 자본가들에게 권력이 집중된다. 이런 상황에서 권위주의자들은 전문가, 관료, 정치인 등 지식과 권력을 가진 이들이 전문지식을 바탕으로 현명하게 올바로 결정할 수 있다고 말한다.* 이들은 기존의 입법, 행정, 사법 제도의 틀을 유지한 채 지배세력의 결정권한을 유지하는 데 관심을 집중한다. 시장과 국가의 지배자들은 민주주의 공론장 밖에서, 즉 밀실에서 의사결정하는 것을 선호한다.

이에 반해 생태민주주의자들은 전문가나 관료, 정치인이 아니라 모든 사람들, 시민, 민중이 스스로 의사 결정을 할 수 있는 권력을 가져야 한다고 주장한다.** 시민들이 참여하여

* 2017년 문재인 정부가 신고리 5·6호기 공사중단 여부를 시민배심원들의 공론화를 거쳐 그들의 결정에 맡기겠다고 밝히자, 보수언론과 보수정당들은 이에 격렬하게 반대하면서 '전문가'들이 에너지와 원전정책을 결정해야 한다고 주장하였다.

** 한국천주교주교회의 생태환경위원회 강우일 주교는 2017년 8월 1일 성명을 발표하여, 신고리 5·6호기의 건설중단 여부에 대한 결정은 "경제적 가치가 상쇄할 수 없는 더 숭고한 가치, 곧 현재세대와 미래세대, 그리고 생태계 전체의 생명과 안전이 좌우될 돌이킬 수 없는 선택"이라고 말했다. 그는 제한된 전문가 집단이 모든 결정을 좌우할 역량을 갖고 있지 않다고 비판하면서, 많은 국민이 공론화 과정에 참여하여

법과 제도를 만든다는 것은 시민들이 실질적으로 권력을 갖는다는 것을 의미한다. 매우 단순하게 이야기하면 시민들이 참여하여 만드는 제도나 정책이 많고 중요한 것일수록 민주주의는 더 활기를 띠고 권력은 시민들에게 더 많이 돌아가며 자치는 더 활발해진다.

그런데 시민이 참여하여 정책이나 제도를 어떤 방법으로 결정하는 것이 좋을까? 문제는 수많은 시민들의 생각이 다 다르다는 점이다. 개인화가 빠르게 확산된 현대에 사람들의 가치관, 윤리, 선호는 매우 다르다. 어떤 이들은 우리나라의 가난한 이들에게 밥 한 그릇 더 주는 일이 시급하다고 하고, 어떤 이들은 아프리카의 가난한 어린이들을 돕는 일이 더 급하다고 말한다. 어떤 이들은 제주도 앞바다의 남방큰돌고래 제돌이가 잘사는 것이 매우 중요하다고 말한다. 많은 사람들은 대부분 남의 말은 듣지 않고 자신의 생각이 옳다고 믿으며, 듣고 싶은 말만 듣고 살아간다. 자신이 보는 신문, 방송에서 말하는 것이 자기 생각이라고 믿는 사람도 많다. 이런 다양한 가치를 지향하는 사람들과 함께 우리는 어떻게

"생명을 살리고 보호하는 결정에 동참"하기를 바란다고 말했다(『연합뉴스』 2017. 8. 1).

해야 생태적 한계 안에서 모든 사람과 생명이 잘살 수 있는 제도를 만들 수 있을 것인가? 전혀 다른 생각을 가진 이들이 한 자리에 앉아 남의 말, 남의 고통을 진지하게 듣고 공감하며, 문제를 해결하기 위해 이치와 도리에 맞는 방안을 찾을 수 있을까?

인간의 이성과 양심을 믿는 숙의민주주의의 지지자들은 그것이 가능하다고 본다. 모든 시민들이 이상적인 대화상황에서 진실된 대화와 토론을 한다면, 그들은 자신의 편견이나 선호, 이익과 별개로 논거에 바탕을 두고 토론하고 숙의하여 합리적인 결론에 이를 수 있다는 것이다.*

존 드라이제크John S. Dryzek와 같이 숙의민주주의를 지지하는 생태민주주의자들은 시민들이 참여하여 숙의 과정을 거치면 생태적인 결론이 나올 가능성이 높다고 본다(Dryzek, 2000: 148-149). 그는 비인간자연이 인간처럼 말을 할 수는 없지만 신호를 보낼 수 있는 행위체agency라고 본다. 예를 들면

* 위르겐 하버마스(Jurgen Habermas)는 이상적 대화상황에서 사람들이 대화하고 논증할 때, 상호이해에 의해 상호주관적인 의사소통적 합리성에 이를 수 있다고 말한다. 여기서 이상적 대화상황은 능력 있는 논증 참여자들이 강제 없이, 각자의 타당성 주장이 정당한지 논거를 바탕으로 토론하는 상황을 말한다. 의사소통적 합리성 개념은 숙의민주주의의 이론적 근거로서 중요한 의미를 갖는다(하버마스, 2006: 68).

돌고래가 인간처럼 말을 할 수는 없지만 그들의 개체수가 급감하면 인간이 그 신호를 보고 이 종이 멸종위기에 처해 있음을 알 수 있다. 4대강 사업으로 녹조가 퍼져 독성이 확산되면 물고기는 자신의 죽음으로 재난의 신호를 보낸다. 존 드라이제크는 자연의 행위체를 인정한다는 것은 사람으로부터 나오는 신호와 같은 정도로 자연세계에서 나오는 신호를 존중하고 주의깊게 해석한다는 것을 의미한다고 말한다. 생태민주주의자들은 시민들이 이런 신호를 이해하고 인류 공동체와 자연 그리고 미래세대를 위해 무엇이 필요하고 올바른지 판단할 수 있는 잠재력이 있다고 본다.*

요약하면 시민들이 공론장에 참여하여 숙의하고 토론하는 것은 절차적으로 민주적이며 정당할 뿐만 아니라 생태적으로 지속가능한 결과를 낳을 가능성이 크다. 다시 말하면 합리적으로 논증하고 토론할 수 있는 다수 시민들이, 충분하고 올바른 정보를 바탕으로 공정하게 숙의할 때, 현세대 인간만의 단기적이고 개별적인 이해·관심을 넘어서서 현세

* 숙의민주주의자들은 사람들이 토론을 통해 선호를 바꾸고 합리적인 결론에 이를 수 있다는 믿음을 갖고 있다. 그러나 사람은 이성적이면서 동시에 감성적인 동물이다. 다른 존재에 대한 공감 능력은 토론이 아니라 삶의 경험 속에서 자라난다. 그러므로 숙의와 토론은 필요하지만, 충분한 것은 아니다. 감성과 영성에 대한 논의가 필요한 것은 이 때문이다.

대와 미래세대 인간뿐만 아니라 비인간자연의 가치를 고려하여 결정할 수 있는 가능성이 높아진다는 것이다.

그런데 현재의 모든 제도는 인간, 산업, 자본, 국가 중심으로 심하게 기울어진 운동장과 같다. 이런 불공평한 제도 속에서 공정한 숙의가 가능할까? 숙의가 이루어지더라도 생태적으로 지속가능한 결론이 나오고 그것이 실행될 수 있을까? 숙의 과정에 참여한 사람들이 공정한 절차에 따라 토론에 참여하더라도 그들이 자신의 이해관계, 삶의 철학, 지배적인 가치관으로부터 완전히 자유롭기는 어렵다. 그러므로 숙의민주주의가 실현된다고 해도 생태민주적 의사결정과 실행이 이루어지지 않을 수 있다. 그것은 우리의 생각, 문화, 제도, 사회구조가 단기적이고 인간중심적인 패러다임에 묶여 있기 때문이다.

그러면 숙의민주주의와 생태민주주의 사이의 긴장을 어떻게 넘어설 것인가? 인간중심주의 패러다임 안에 있는 숙의민주주의의 한계를 넘어서기 위해서는 공론장이 좀 더 생태민주적으로 설계될 필요가 있다. 생태적 공론장에는 사회경제적 약자는 물론 미래세대와 비인간존재의 대변인 혹은 후견인들도 참여해야 한다. 비인간존재들은 말은 못 하지만 온몸으로 자신들의 고통과 즐거움의 신호를 우리에게 보내고 있다. 생태학자들, 환경단체와 동물보호단체 활동가들, 동물권을 옹호하는 변호사 등은 그 신호를 인간의 언어로 번역하여 소통하게 하는 통역자가 될 수 있다. 시민들은 이들이 참여한 공론장에서 충돌하는 이익과 가치들을 놓고, 어떤 결정이 현세대, 미래세대, 비인간존재들의 삶을 좀 더 자유롭고 평등하고 지탱가능하게 할 것인지 토론하고 숙의한다. 이런 참여와 숙의의 공론장이 열려 있을 때 사람들은 사회적 학습을 통해 더 민주적이고 더 생태적인 사회를 만들어갈 수 있을 것이다.

그런데 생태적 공론장이 만들어지고 숙의 과정이 지속될 수 있는 조건은 무엇일까? 현실에서는 정부와 의회, 법원 그리고 이들 뒤에서 자본이 권력을 독점하고 대중매체를 동원하여 불평등하고 반생태적인 구조를 재생산하고 있다. 이런 현실을 무시하고 열린 공론장을 이야기하는 것은 너무 이상적이고 철 없는 이야기가 아닐까? 물론 그렇다. 현실에서 어떤 국가도 스스로의 권력, 즉 결정하고 실행할 수 있는 권력을 시민들에게 자발적으로 내어주지 않는다. 그러므로 공론장을 열고 이를 생태적으로 재구성할 수 있는 시민들의 사회운동이 매우 중요하다. 숙의민주주의는 시민들이 다양한 사회운동을 통해 공론장을 제도 안과 밖에서 만들 수 있을 때, 즉 시민권력이 살아 움직일 때 가능한 민주주의다.

코스모폴리탄 생태자치연방

숙의민주주의는 생태민주주의를 발전시키기 위해 필요한 제도이지만, 그것으로 충분한 것은 아니다. 생태민주주의를 정치 제도로 발전시키기 위해서는 두 가지 문제를 검토해야 한다. 첫째, 숙의가 가능하도록 만드는 힘, 권력을 어떻게 형성할 것인가? 둘째, 지구적인 생태사회위기를 관리하고 극복하는 주체를 어떻게 형성할 것인가? 첫째 쟁점이 국가와 공동체/사회 사이의 문제라면 둘째 쟁점은 국민국가, 세계공화국, 세계시민주의(코스모폴리탄주의)와 관련된 문제다.

그러면 먼저 첫째 쟁점을 검토해 보자. 모든 사람들이 평등한 권력을 갖고 비슷한 수준의 공감 능력과 이성을 갖고 진실된 토론을 한다고 가정한다면 '의사소통적 합리성'에 도달할 가능성이 매우 높다. 그런데 이런 상황은 현실에서 거의 일어나지 않는 상황이다. 이 때문에 숙의민주주의의 주창자들은 자유주의liberalism의 한계를 고려하지 못한다는 비판을 받는다. 현실의 권력 불평등을 극복하고 공평한 공론장을 만드는 힘은 어디서 나오는가? 그것은 자연과 사회의 다양한 운동으로부터 나온다. 칼 폴라니는 이것을 자연과 사회의 자기보호운동이라고 표현했다. 우리가 다음 장에서 자세히 살펴보겠지만, 사람들과 비인간자연은 자신들의 삶을 위협하는 구조적인 위협에 대해 수동적으로 방어하고 적응하거나, 아니면 적극적으로 저항한다. 때로는 대안적인 삶의 방식을 만들어 내기도 한다. 이런 힘을 바탕으로 폭력을 넘어선 숙의의 공론장이 만들어질 수 있다.

그럼 이제 두 번째 쟁점, 즉 지구의 생태사회위기를 어떤 스케일에서 접근해야 하는가 하는 문제에 대해 이야기해 보자. 작은 마을이나 지역에서 사람들이 참여하고 숙의하여 의사결정을 하고, 그 결과 자연을 보전하면서 협동의 경제·사회를 발전시키는 모델을 상상하는 것은 그리 어렵지 않다. 마음 맞는 사람들이 모여서 마을을 이루고 거기서 자연과 함께 평화롭게 살아가고 싶다는 꿈을 꾸는 이들이 많다. 이들은 그들만의 섬마을을 만들고 육지와는 다리 하나로 연결하며 살아가고 싶다고 말한다.

그런데 섬 밖에서는 공장들이 이산화탄소를 마구 배출하고 있고 무장한 국가가 세금을 내라고 하고 있다. 국가는 그들이 동의하지도 않은 토목사업, 원자력발전, 송전탑 건설, 무기 구매에 그 세금을 쓴다. 국가의 결정은 섬에 사는 사람들의 삶에도 큰 영향을 미친다. 육지에 댐이나 하구둑이 건설되어 물고기가 잡히지 않을 수도 있다. 그리고 국가를 넘어서서 지구 차원의 환경문제가 우리의 삶을 송두리째 흔들 수도 있다. 기후변화로 인해 슈퍼 태풍이 섬마을을 덮칠 수도 있고 전쟁 위험 때문에 고기잡이를 못 나갈 수도 있다.

현대의 기술문명은 그 규모와 영향력이 너무 커서 지구 생태계 전체에 중요한 영향을 미치고 있다. 이 때문에 작은 마을이나, 지방자치단체, 국가가 해결하기에는 너무나 큰 문제들이 우리 모두의 삶을 규정짓고 있다. 후쿠시마에서 농사를 짓고 가축을 기르던 죄 없는 농민들은 하루아침에 그들의 삶을 잃어버렸다.

울리히 벡Ulrich Beck은 이렇게 지구 전체로 확산된 위험(리스크)*의 특성을 분석하는 방법론적 시각과 특성을 [표 4]와 같이 네 가지 개념으로 나누어 설명한다(벡, 2010: 288-322; Beck, 2009: 163-186). 이 표에서 중요한 축은 세로축인데, 이 기

* 리스크(risk)는 확률적인 위험성을 의미하는 반면 위협(threat), 위해(hazard) 등은 실재하는 위험을 말한다. 이 책에서 위험이라는 용어는 일반적으로 리스크라는 의미로 사용한다.

준은 위험의 경계가 국경을 넘어서거나 확정할 수 없는 현대의 특징을 잘 보여준다. 먼저 방법론적 국가주의는 위험이 국가의 경계 안에 있는 것으로 가정하고 기존의 국민국가의 틀로 문제를 분석하고 해결하려는 입장이다. 어떤 국가가 자국의 환경기준을 엄격히 유지하거나 높이면서 공해산업을 해외로 수출하여 자국의 환경을 깨끗하게 보전할 때, 이 국가의 정책은 방법론적 국가주의의 관점에서 분석할 수 있다. 방법론적 국제주의는 국경으로 구분된 주권국가들 사이의 협력과 갈등을 통해 문제를 분석하고 해결하려는 관점이다. 방법론적 초국가주의는 국제기구와 국민국가가 국가의 경계를 넘어서는 위험을 분석하고 해결하려는 관점이다. 중국에서 SARS가 발생했을 때 WHO, 중국정부 등이 전염병의 확산을 막기 위해 협력한 것이 사례가 될 수 있다. 마지막으로 방법론적 세계시민주의(코스모폴리탄주의)는 국민국가의 경계를 넘어 지구화된 위험을 세계시민의 관점에서 분석하고 해석하는 방법론을 의미한다.

벡은 위험 결정자의 권력은 불평등하게 배분된 반면, 피해의 영향은 사회경제적 약자들에게 집중되지만 모든 이들에게 미치게 된다는 사실을 강조한다. 다시 말하면, 글로벌 리스크가 확산되고 일상화되는 시대에 어떤 리스크를 부담

[표 4] 세계 위험사회의 비판이론 — 사회적 불평등의 사회학의 패러다임 이동

		방법론적 관점	
		국가	국제
경계의 변형	경계의 일치 (국가 또는 국제)	방법론적 국가주의 (맥락주의)	방법론적 국제주의
	경계의 불일치 (국가와 국제)	방법론적 초국가주의 (지역주의)	방법론적 코스모폴리탄주의

출처: Ulrich Beck(2009: 164).

하고 그것을 어디에 사는 누구에게 부담시키는 것을 결정하는 권력은 지배적인 소수에 불평등하게 집중되어 있다. 반면에 사회적으로 취약한 사람들이나 비인간생물들은 글로벌 리스크에 대한 위험 결정 권한은 없고 리스크와 실제적 영향은 더 많이 받는다. 울리히 벡은 사람들이 글로벌 위협의 긴박성을 인식하게 되면 스스로를 지키기 위해 협상하고 협력하게 된다고 말한다. 결국 임박한 글로벌 위험이 자

기절멸이 아니라 글로벌 거버넌스의 가능성을 열어 놓는다. 글로벌 위험사회에서는 위험 결정자도 그가 결정한 위험으로부터 결코 자유로울 수 없기 때문이다.

기후변화로 인한 생태적 위험은 물론 금융자본주의의 위험이 가해자와 피해자의 경계 구분 없이 지구 전체로 확산되고 있는 상황에서 방법론적 국가주의나 국제주의의 이론이나 정책으로는 글로벌 위험에 적절히 대응할 수 없다. 생태민주주의자들은 이와 같은 세계 위험사회에서 국민국가의 한계를 뛰어넘어 풀뿌리, 글로벌 환경단체, 국민국가, 국제기구 등이 방법론적 코스모폴리탄주의의 관점에서 문제를 진단하고 해결 방안을 모색하고 실천하는 것을 지향한다.

이제 우리는 지구 전체에 걸맞는 생태적이고 민주적인 정치 시스템을 만들지 않으면 생존하기 어려운 시대에 살고 있다. 마을은 협동을 조직하기에는 적당한 규모이지만 지구환경문제를 해결하기에는 너무 작다. 국가는 근대적인 의미의 국경과 주권, 사적 폭력을 관리하기에는 적절하지만 지구적인 문제를 풀기에는 너무 작고, 지역의 생활 문제를 해결하기에는 너무 크다. 국가들의 연합으로서 유엔은 지구적인 폭력과 환경문제를 풀기에는 무력하고 무능하다.

국가가 문제의 해결책이 아니라 문제의 원인이라면 다른 대안은 무엇이 있을까? 한편으로 도시나 지방정부(지방자치단체)가 있고 다른 한편으로 세계정부 혹은 생태자치연방이 있다. 지방자치단체는 주권이 없어서 국가에 비해 무력한 것처럼 보이지만 주민들의 삶의 요구를 듣고 이들의 아프고 가려운 곳을 찾아 도움을 줄 수 있는 능력을 갖고 있다. 국가가 법을 만들고 경찰, 군대, 정보기관을 동원하는 동안 지방자치단체는 조례를 만들고, 쓰레기를 치우고, 문화행사를 연다. 벤자민 바버Benjamin Barber는 도시정부는 강력한 권력이 없어서 오히려 사람들과 협의하면서 문제를 해결하기 때문에 더 유능하다고 말한다. 머레이 북친은 중세도시들이 봉건제에 저항하며 자유의 공기를 퍼지게 만들었듯이 도시들의 연합으로 자본주의와 산업주의를 극복하는 미래를 상상한다. 가라타니 고진은 국가가 존재하는 한, 그 국가는 다른 국가로부터 스스로를 방어하기 위해 상비군을 두고 잠재적인 전쟁상태를 명분으로 시민들을 억압하고 통제할 수밖에 없다고 본다. 그는 세계적인 영구 평화를 이루기 위해서는 모든 국가가 군사력을 '세계공화국'에 양도해야 한다고 주장한다.

도시들의 연대를 통해 생태민주주의적 자치의 정치 시스

템을 그려보는 일은 지구화 시대 코스모폴리탄 정치를 기획할 때 많은 상상력을 제공한다. 그러나 북한은 핵실험을 계속하고, 미국이 강력한 군사력으로 세계를 지배하고 일본과의 동맹을 바탕으로 중국을 압박하며 잠재적인 전쟁 상태가 지속되고 있는 상황에서, 국가권력의 재편 없이 도시들의 연대로 할 수 있는 일은 한계가 분명하다. 그러므로 우리는 지구적인 생태, 경제, 사회 위기 상황에서 새로운 정치 체계를 생각하지 않을 수 없다.

전쟁과 자연파괴 위에 세워진 현대의 정치 시스템은 평화와 생태의 새로운 정치 시스템으로 전환되어야 한다. 위험이 지구적으로 확산되고 그 위험이 사회경제적 약자와 미래세대, 그리고 비인간존재에게 전가되는 시대에, 국민국가의 주권 혹은 군사력을 줄이고 지방자치단체와 마을의 힘을 키우는 정치적 전환이 필요하다. 사람들의 삶과 자연을 돌보고 시민들의 참여를 독려하는 지방자치단체들의 자치와 분권을 확대하고, 이들 지방자치단체들의 연방을 만들고 연방들의 연방으로서 세계적인 생태자치연방의 기획을 현실정치 속에서 조금씩 실현해 나가는 상상력을 키워볼 필요가 있다. 이런 주장은 현실주의자들의 눈으로 보면 황당하기 이를 데 없는 이상주의자의 궤변으로 들릴지도 모른다.

그러나 국가 간의 전쟁 위험이 커지고, 자본주의의 부채 경제가 한계에 다다르며, 기후변화와 핵의 위험이 지구적으로 확대될수록, 국민국가 시스템을 넘어선 세계적 생태평화 체제의 필요성은 더욱 커질 것이다. 이런 기획은 엄청난 희생을 경험한 이후에야 현실화될 가능성이 매우 높다. 그럼에도 생태민주주의자들은 모든 생명에 대한 공감을 바탕으로 이런 기획을 이야기하고, 이를 위해 작은 실천을 조직하는 사람들이다.

보론

생태민주주의 관점에서 본 신고리 5·6호기 공론화

탈핵과 정치

우리나라 반핵운동의 역사는 1980년대로 거슬러 올라간다. 1980년대 공해추방운동을 벌이던 청년들은 원전과 핵무기를 반대하는 운동을 활발히 벌였다. 1986년 체르노빌 원전참사가 발생한 이후 영광과 고리 원전 주변 주민들도 원전에 반대하는 주민운동을 벌이기 시작했다.

1980년대 소수의 선구자들이 시작한 반핵운동이 문재인 정부의 2017년 탈핵선언으로 이어진 것은 놀라운 역사적 진전이다. 적극적인 정책과 행동으로 이어지기 위해서는 많은 난관이 있겠지만 문재인 정부의 탈핵선언은 타이완의 차이잉원 정부의 탈핵정책과 함께 동아시아의 희망이다. 이는 후쿠시마 원전사고를 겪고도 탈핵의 길로 나아가지 못하고 있는 일본과 뚜렷이 대비된다.

이런 변화와 차이가 가능했던 것은 타이완과 한국에서 정권이 교체되었고 이 정권교체에 탈핵운동 세력들이 적지 않은 힘을 발휘했기 때문이다. 일본 국민들은 다수가 탈핵을 지지했지만 정치를 바꾸지 못했기 때문에 탈핵의 길로 나아가지 못하고 있다. 공론장에서 시민들을 설득하는 일이 매우 중요하지만, 이것만으로는 불충분하다. 시민들의 꿈을 실현하기 위해서는 정치적·경제적 권력의 형성과 변화가 반드시 필요하다. 신고리 5·6호기 공론화에 대한 논의는 이와 같이 거시구조적인 정치적 기회구조와 정치경제학에 바탕을 두고 출발하는 것이 필요하다.

숙의

숙의와 숙의민주주의는 매우 중요하고 절실하다. 사람들은 대화와 토론을 통해 자신의 생각이나 의견을 다른 사람과 교환하고 공유하며 생각을 바꾸어 좀 더 합리적이고 좋은 판단을 할 수 있기 때문이다.

그런데 숙의는 진공의 공간에서 이루어지는 것이 아니라

언제나 정치, 경제, 문화 권력의 영향 속에서 이루어지고, 그 권력에 의해 침식되고 왜곡될 수도, 창의적으로 변형될 수도 있다. 숙의와 제도적 권력정치는 끊임없이 서로 상호작용하면서 영향을 주고받는다. 사회적 숙의는 국가와 시민사회를 넘나들면서 지속적으로 이루어지고 있다. 그런데 공론장이 지배적인 사회 패러다임에 포획되어 있는 상황에서 '이상적 대화상황'을 실현하는 것은 매우 어려운 일이다.

여기서 내가 강조하고 싶은 것은 현재의 지배적 사회 패러다임이 현세대 인간 중심, 국가 중심, 산업자본주의 중심이기 때문에 숙의와 숙의민주주의를 생태민주주의 관점에서 재해석하고 재구성하지 않으면 '숙의민주주의'의 이름으로 지배적 사회 패러다임이 재생산될 가능성이 매우 높다는 점이다. 다시 말하면 불평등한 권력관계 속에서 숙의가 이루어질 때, 누가 배제되는지, 누구의 이익과 피해·위험이 어떻게 배분되는지 살피고 이를 바로잡는 정치가 중요하다.

신고리 5·6호기 공론화위원회의 공론조사

촛불혁명의 과정에서 치러진 지난 2017년 5월 대선에서 원전 문제는 중요한 쟁점 가운데 하나였다. 핵 없는 사회를 위한 공동행동, 환경운동연합 등 탈핵단체들은 주요 후보들에게 탈핵(탈원전)과 신고리 5·6호기에 대한 입장을 물어보았다. 탈원전에 대해서는 홍준표 후보를 제외하고 문재인, 안철수, 유승민, 심상정 후보 모두 동의했고, 신고리 5·6호기에 대해서는 문재인, 안철수, 심상정 후보가 공사 중단에 동의했고 유승민 후보는 재검토하겠다는 입장을 밝혔다.

문재인 대통령은 취임 이후 공약대로 탈핵을 추진하겠다고 선언했지만, 신고리 5·6호기에 대해서는 공사중단과 재개 여부를 공론화를 통해 '시민배심원'의 결정에 따르겠다고 밝혔다. 문재인 정부가 탈원전 정책을 선언한 것은 민주주의 일반은 물론 생태민주주의의 관점에서 높이 평가할 수 있다. 그런데 신고리 5·6호기 중단 여부를 공론조사 방식을 통해 결정하기로 한 것은 어떻게 볼 수 있을까? 이 문제에 대한 입장은 크게 세 가지로 나눌 수 있다.

첫째로, 에너지와 원전 문제는 전문가들, 혹은 국회에서 결정할 전문적인 사안이므로 비전문적인 시민이 결정하는 것은 올바르지 않다고 보는 이들이 있다. 원전 전문가들이나 보수언론이 이런 입장을 강력하게 주장했다.

둘째로, 대통령 선거에서 신고리 5·6호기 건설중단을 문재인 후보가 공적으로 약속했기 때문에 이를 실행에 옮겨야 한다고 보는 사람들이 있었다. 이들은 대통령 선거 과정에 사회적인 토론과 숙의가 이미 이루어졌고, 주권자들 가운데에는 신고리 5·6호기 중단 공약을 믿고 문재인 후보에 투표한 이들이 있기 때문에 공약을 이행하는 것이 마땅하다고 주장했다.

셋째로, 정부가 시민들의 숙의 결과에 따라 정책을 결정하겠다는 것은 직접민주주의와 숙의민주주의의 이상을 실현하는 것이라고 보는 사람들도 적지 않았다. 이들은 대통령 선거 과정에서 충분한 사회적 토론이 이루어지지 못했고, 공사가 중단될 경우 피해가 예상되는 사람들이 있으므로, 시민들이 참여하여 충분히 숙의하고 그 결정을 따르는 것이 필요하다고 보았다. 또한 이런 사회적 토론 과정을 통해 시민들이 원전 문제에 대해 집합적으로 학습할 경우, 탈핵정책이 후퇴할 위험성도 줄어들 것이라고 보는 이들도 있었다.

나는 둘째 의견처럼 문재인 정부가 탈원전에 대한 확고한 책임의식을 갖고 신고리 5·6호기 공사를 중단하고 국민들을 설득하는 모습을 보고 싶었다. 공사중단으로 인해 피해를 볼지도 모를 기업이나 주민들을 설득하고 이들의 고통을 어루만지며 이들이 에너지 전환의 지원자가 될 수 있도록 새로운 비전과 실행계획을 제시했다면 원전의 위험으로부터 자유로운 생태민주사회는 더욱 앞당겨졌을 것이다. 생태민주주의는 생태적으로 지속가능한 세상을 만들기 위해, 모두의 평화를 위해 사람들을 설득하고 변화시키는 리더십을 필요로 한다.

이런 안타까움이 있지만, 정부가 정책의 결정 권한을 시민들에게 위임한 것은 직접민주주의의 이상을 현실화했다는 점에서 높이 평가할 만하다.

그런데 문제는 문재인 정부가 무엇을 공론조사로 결정할지를 아무도 모르게 일방적으로 결정해서 발표했다는 점이다. 정부 출범 초기, 어수선한 시기에 정부는 6월 27일 대통령 주재 국무회의에서 신고리 5·6호기 공사를 일시 중단하고 3개월 내에 공론조사 방식으로 재개 여부를 결정하겠다고 발표했다. 장기적인 탈핵정책은 선언했지만 30% 가까이 진행된 신고리 5·6호기 공사의 중단 여부는 시민들의 결정에 맡기겠다고 발표하고 '중립'을 선언한 것이다.

이런 갑작스런 발표에 많은 환경운동가, 탈핵운동가, 밀양 송전탑 반대운동 주민들은 한편 우려하면서도 공론화 과정에 기대를 걸 수밖에 없게 되었다. 그리고 시민들이 충분한 정보를 갖고 숙의하고 토론하면 신고리 5·6호기 건설 중단으로 결론 날 수 있을 것이라고 기대하며, 여론 조성을 위해 노력하였다. 당연히 그렇게 될 것이라는 '근거 없는 낙관론'을 가진 이들도 많았다.*

이때부터 정부와 더불어민주당은 "탈핵은 추진하지만 신고리 5·6호기에 대해서는 중립"이라는 모순적인 입장을 일관되게 유지했다. 정부의 주된 관심은 탈핵과 에너지 전환이 아니라 공약을 둘러싼 갈등을 '중립적' 입장에서 관리하고 해결하는 것이었다. 이는 공론화위의 최종보고서에 '공정성, 중립성, 투명성, 사회적 갈등' 같은 용어들이 주로 등장하는 데에서도 잘 나타난다. 시민참여단에 참여한 시민들은 정부와 국회를 대신하여 숙의하고 토론하여 주권자의 권리를 행사했다. 정부와 공론화위는 숙의민주주의와 갈등 해결의 성공 모델을 만들어냈다고 기뻐하고 있다. 그러나 경주지진에 이어 포항지진을 경험한 원전 주변 주민들은 오늘도 불안 속에서 살아가고 있다.

그러면 공론화위의 공론조사 과정과 결과에 대해 살펴보

* 나도 그 가운데 한 사람이었다.

자. 공론화위는 성, 지역, 연령과 신고리 5·6호기 공사중단에 대한 입장을 기준으로 500명의 시민참여단을 뽑았다. 이 가운데 최종적으로 471명의 시민참여단이 사흘간 합숙 토론을 한 후 공론화위원회가 만든 설문지에 응답했다.* 이 조사에서 건설재개를 선택한 비율은 건설중단보다 19% 높은 59.5%로 나타났고, 향후 방향에 대해서는 원전축소(53.2%)가 원전유지(35.5%)나 원전확대(9.7%)보다 높은 비율로 나타났다.

공론화위의 공론조사를 어떻게 평가할 수 있을까? 공론화위의 공론화 과정이 숙의민주주의의 이상에 가깝게 이루어졌다면 그것만으로도 중요한 역사적 진전이었을 것이다. 그런데 안타깝게도 공론조사의 과정과 내용 모두 숙의민주주의의 이상과는 거리가 멀었고 생태민주주의와는 크게 달랐다. 공론화 과정은 어떤 점에서 뚜렷한 한계를 보였는가?

* 공론화위는 공사중단측 대표들의 반대에도 불구하고 2만 명에 대한 전화면접 조사에서 신고리 5·6호기 공사중단 여부에 대한 찬성/반대/유보를 물었고 그 비율에 따라 약 500명의 시민참여단을 구성했다. 이때 이미 공사재개에 찬성하는 응답자 비율(36.8%)이 반대하는 응답자(27.6%)에 비해 9.2% 포인트 높은 것으로 조사되었다. 장재연은 공론화위의 1차 조사와 비슷한 시기에 이루어진 한국갤럽과 리얼미터 조사에서 공사중단에 찬성하는 응답자 비율이 반대하는 응답자 비율에 비해 약 1% 높게 조사된 것을 볼 때, 공론화위의 1차 조사에 문제가 있을 수 있다고 비판한다(장재연, 2017).

첫째, 정부는 시민들이 숙의할 의제를 신고리 5·6호기 건설중단/재개라는 제로섬 게임으로 제한하여, 실질적이고 포괄적인 숙의를 통해 다양한 대안을 논의할 수 있는 기회를 시민들에게 주지 않았다. 공론화위는 출범할 때부터 사회경제적 약자나 미래세대, 자연의 신호를 듣기보다는 인구비례에 의한 표본집단을 추출하여 이들로 하여금 '시민배심원처럼' 신고리 5·6호기 공사중단 여부를 결정하게 할 목적으로 구성되었다. 공론조사에 참여한 시민참여단은 공론화위가 기획한 형식에 따라 '숙의'는 했지만, 결국 공론화위가 정한 설문지에 응답할 권리밖에 없었다. 다시 말하면 '숙의'는 있었지만 그것은 새로운 대안이나 창의적인 해결이 아니라 0 또는 1을 결정하기 위한 수단으로 환원되었다. 참가자들은 주어진 문제틀 속에서, 이미 30% 가까이 진행된 공사를 중단해야 하나, 재개해야 하나 하는 문제를 결정하는 배심원 역할을 떠맡게 된 것이다.

둘째, 공론화위는 국민의 대표성을 중시하여 인구비례와 찬반비율에 의한 표집 방법으로 시민참여단을 구성하여 다수결의 정당성을 높이는 데 초점을 맞추었다. 초기에 정부에서 시민배심원이라는 용어를 사용한 데에서 볼 수 있듯이, 정부는 법정에서의 판결과 비슷한 결정을 기대했고, 이에 따른 패자의 승복에 관심을 집중한 것으로 보인다.* 다수결을 넘어서기 위해 기획된 숙의민주주의의 이상이 다시 다수결로 환원되었다. 이 공론조사는 심도 있는 숙의보다는 법원의 판결이나 선거처럼 대결의 장이 되었다.

셋째, 미래세대와 사회경제적 약자들의 목소리는 '중립성'과 '공정성'의 이름 아래 제대로 들리지 않았다. '안전한 세상을 위한 신고리 5·6호기 백지화 시민행동'의 일원으로 공론조사 과정에 참여한 이헌석은 지역주민과 미래세대의 의견이 시민참여단에 제대로 전달되지 않았다고 보고한다.

> 결과적으로 지역주민과 미래세대에 대한 의견 전달은 제대로 이뤄지지 못했다. 지역주민들의 의견은 서생면 주민들의 보이콧 선언으로 동영상 상영으로 대체되었고, 그나마 인터뷰조차 거부하여 단편적인 사진들을 몇 개 나열한 5분짜리 동영상이 상영된 것이 전부였다. 미래세대 의견 전달 역시 비슷한 분량의 동영상으로 제작되었고, 그나마 건설중단측

* "일방통행식이 아닌 쌍방소통의 논의 과정은 논의 주체 사이에 최종 판단에 대한 승복 가능성을 훨씬 높여준다. 그리고 이로 말미암아 최종 정책 결정에 대한 사회적 수용성(受容性)이 제고됨으로써 갈등은 현저히 줄어들 것이다."(신고리 5·6호기 공론화위원회, 2017: 120-121).

의견이 우세했음에도 그 사실조차 전달되지 않고 건설중단과 재개, 중립 의견이 1:1:1로 소개되는 밋밋한 동영상이 상영되었다(이헌석, 2017).

원전 주변 주민들의 고통을 외면하고 '숙의민주주의'를 갈등관리 정책의 하나 또는 이해당사자의 승복을 강요하는 정책수단으로 생각한다면 이는 매우 잘못된 일이다. 가장 피해를 많이 봤거나 그럴 위험에 처해 있는 이들을 최대한 배려하는 것은 인간에 대한 기본적인 예의다.

이런 공론화 과정의 문제는 기본적으로 정부와 더불어 민주당이 신규원전의 중단 여부에 대해 함구한 채 '중립'이라는 마법의 커튼 뒤로 몸을 숨기고 갈등관리 문제로 접근했기 때문에 생긴 것이다. 그러는 사이 국민경제, 에너지 수급, 수출, 일자리를 걱정하는 개발주의, 애국주의 프레임이 보수언론의 스피커를 통해 확산되었다.* 이뿐만 아니라 탈핵을 하겠다는 문재인 대통령이 2079년에야 탈핵이 이루어진다고 공언한 상황에서 몇 년 정도 탈핵이 늦어지는 것이

* 2박 3일 동안의 합숙토론에 참여한 패널들의 증언에 의하면 원전재개 쪽 패널들은 "원전산업은 수출산업이기 때문에 원전에 반대하는 사람들은 국민이 아니다"라고 주장했다.

큰 문제가 되지 않을 것이라고 생각한 사람들도 많았을 것이다. 개발주의, 과학기술낙관론, 일자리 우선주의, 수출입국 같은 지배적인 가치관이 우세한 상황에서 원전의 안전성이나 다수호기 집중으로 인한 위험 문제에 민감한 사람은 40.5% 정도였다. 경합하는 여러 가치들 가운데 위험을 높이 평가하고 생태적으로 지속가능한 미래를 다른 가치보다 우선하는 사람들은 40%가 넘었지만 상대적으로 소수였다.

요약하면 공론화위의 공론조사는 중립성이라는 이름 아래, 사회경제적 약자와 미래세대의 목소리를 경청하고 숙고하는 데 실패한 사례라고 볼 수 있다. 숙의는 있었으나 그것은 불충분했고, 권력은 시민에게 위임되었으나 시민 다수는 원전 중심의 전력 시스템에 대한 대안을 확신할 수 없었다. 정부가 일방적으로 제안해서 '중립성'의 이름으로 추진한 공론조사는 숙의민주주의를 실험하는 하나의 방법이지 그 자체가 숙의민주주의는 아니다. 숙의민주주의의 이상은 다수결이나 여론조사에서 들을 수 없는 소수자, 사회경제적 약자, 버려진 사람들의 목소리를 시민들이 깊이 숙고하고 토론할 때 좀 더 좋은 사회를 만들 수 있다는 믿음에 바탕을 두고 있다. 그런 숙의가 이루어질 때 생태민주주의는 깊어지고 사회의 덕성은 높아질 것이다.

숙의민주주의를 넘어 생태민주주의로

신고리 5·6호기를 둘러싼 공론조사는 생태적이고 민주적인 사회를 꿈꾸는 사람들에게 큰 도전을 던져주고 있다. 충분한 정보를 갖고 숙의하고 토론하면 신고리 5·6호기 건설중단에 동의하는 시민들이 더 많을 것이라는 '낙관론'은 무너지고 말았다. 그럼 이제 무엇을 어떻게 해야 하나? 공론조사가 끝났다고 사회적 공론 과정이 끝난 것은 아니다. 원전주변에는 위험성을 떠안은 4백만 주민이 있고, 투표에 참여하지 못한 어린이, 청소년은 물론 태어나지 않은 미래세대가 있다. 이들은 지금 공론조사에 참여한 사람들 대부분이 자연으로 돌아간 후에도 신고리 5·6호기 주변에서 핵폐기물과 함께 살아가야 한다. 이들의 삶을 누가 책임질 것인가?

원전의 안전성, 경제성은 물론 윤리 문제에 대해 지속적으로 논의하고 이를 공론장에서 논의하는 것이 중요하다. 신고리 5·6호기가 건설된 후 설계수명이 남아있더라도 위험하다면 폐쇄하는 상황이 올 수도 있다. 이미 독일이 그 길을 가고 있고, 타이완은 98% 공정률의 원전을 건설중단했다. 한 번의 논의에서 시민들의 동의를 얻지 못했다면 왜 그랬는지 성찰하고 다시 일어나서 또 다른 공론장을 적극적으로 만들고 새롭게 설득하며 버려진 이들과 함께 걸어가는 것이 생태민주주의 운동이다. 개발주의, 애국주의, 과학기술낙관론이 시민들을 사로잡고 있을 때, 다른 세상이 가능하고 그 세상이 멀지 않을 뿐만 아니라 그 길이 우리 모두를 더 안전하고 행복하게 할 수 있다는 것을 보여줄 수 있는 새로운 힘이 필요하다. 사회경제적 약자와 미래세대, 그리고 비인간존재의 권리와 생명을 위해 사회제도 안과 밖을 넘나들면서 실질적인 변화를 이끌어 내는 생태민주적 전환을 위해 힘을 모을 때다.

제6장

생태민주주의의 현장

지금까지 살펴본 생태민주주의는 이상적인 담론이면서 동시에 사람들이 현장에서 실천하고 있는 담론이다. 이제 생태민주주의자들이 어디서 무엇을 하고 있는지 살펴보자.*

평등하고 정의로운 세상

1985년에 경남 울주군 온산면에서 온산병이라는 공해병이 큰 사회문제로 떠올랐다. 1970년대 말부터 가동되기 시작한 온산공단에서 날마다 오염물질을 내뿜기 시작하자 마을 주민들은 피부병, 신경통 같은 질병으로 고통받기 시작

* 이 장은 2014년에 『계간 민주』에 발표한 글을 수정, 보완한 것이다.

했다. 박정희 정부는 오염이 심한 비철금속단지를 온산에 조성하면서 마을 주민들을 이주시키지 않은 채 심각한 공해 공장들을 입주시켰다. 심지어 폐기물 더미가 온산초등학교 운동장 담 위로 성벽처럼 에워싸기도 했다. 온산 주민들은 스스로를 지키기 위해 기업과 정부에 보상과 집단이주를 요구하며 맞서 싸웠다. 공해추방운동가들은 이들을 돕기 위해 발벗고 나섰다. 미나마타병 환자들을 도우며 반공해운동에 앞장섰던 하라다 마사즈미原田正純 구마모토 의대 교수는 연구팀을 꾸려 온산병 환자들을 돕기 위해 온산을 직접 방문해 환자들을 진단한 후, 복합 공해병인 것 같다고 증언했다.

생태사회위기의 중요한 특성은 리스크(확률적인 위험성)의 구조를 결정하는 이들과 그 피해를 부담하는 이들이 일치하지 않는다는 점이다. 기후변화를 보아도 온실가스는 선진국 사람들이 대부분 배출했지만 피해는 저위도 지역의 가난한 저개발국과 섬 사람들에게 집중된다. 후쿠시마 원전의 전기는 도쿄를 비롯한 대도시 시민들이 썼지만 사고의 피해는 후쿠시마 주변지역 주민들에게 집중되고 있다. 피해자들은 사고로 인한 직접적인 피해뿐만 아니라, 농수산물의 안전성에 대한 우려로 인한 피해, 방사능의 위해성에 대해 침묵하는 사회적 분위기로 인한 피해, 따돌림으로 인한 피해 등 다양한 육체적, 정신적, 사회경제적 피해를 받고 있다.

그런데 안타까운 것은 가해자와 가해의 구조는 어디론가 사라지고 피해자들 사이의 갈등이 심화되는 경우가 많다는 점이다. 2007년 12월 삼성중공업 예인선이 충남 태안 앞바다에 있던 유조선 허베이 스피리트호와 충돌해 원유가 유출되는 사고가 일어났다. 서해안은 검은 파도가 밀려와 기름 범벅으로 바뀌었다. 이 사고로 충격을 받아 어민 3명이 차례로 스스로 목숨을 끊었다. 정부는 긴급 생활지원금을 마을별로 지급했는데 어떤 마을에서는 그 배분을 놓고 마을사람들 사이에 심각한 갈등이 일어나기도 했다. 삼성중공업은 막대한 피해를 일으킨 책임이 있지만 56억 원의 법적 배상 책임만을 지게 되었다. 피해자들은 자신들의 피해를 스스로 입증해야만 하는 책임을 떠안게 되었다. 가해자는 사법제도의 틀 안에서 커튼 뒤로 사라지고, 피해자들은 개인적 고통은 물론 사회적 갈등의 소용돌이에 빠지게 되었다.

리스크를 높일지 낮출지, 어디에 리스크를 위치시킬지 결정하는 이들에 맞서서 스스로의 삶을 지킨 이들도 적지 않다. 2003년에서 2004년에 걸쳐 일어난 부안 방폐장 반대운동은 특별히 중요한 의미를 갖는다. 부안 주민들은 자신들의 고향을 핵폐기물로부터 지키기 위해 투쟁했을 뿐만 아니라 삶의 안전을 위협하는 국가에 대항하여 스스로 주민투표를 조직하여 자치와 자결의 모범을 보여주었다. 당시 노무현 정부는 중저준위 방사성 폐기물 처분장을 건설하기 위해 지자체로부터 신청을 받았는데 김종규 부안군수는 군의회와 군민들의 반대에도 불구하고 유치신청을 했다. 정부는 이 신청을 받아들여 부안군 위도에 방폐장을 건설하는 절차를 추진하기 시작했다. 이에 반발하여 부안 주민들과 반핵·환경운동가들은 반대운동을 격렬하게 펼쳐 나갔다. 이들은 집회와 시위로 분노를 표현했고, 주민투표를 조직하여 정부의 결정을 무효화시켰다. 결국 정부는 부안군 위도에 방폐장을 건설하는 계획을 철회했다. 반대운동에 참여했던 이들은 핵발전에 반대하는 것을 넘어서서 태양광발전소를 건설하고 에너지 자립 마을의 모델을 만들어가고 있다(홍성태, 2007).

그러나 부안 방폐장 반대운동은 부안에 방폐장이 들어서는 것을 막는 데에는 성공했지만 원전정책을 바꾸는 데까지 나아가지는 못했다. 부안 방폐장 반대운동이 '성공'으로 끝난 후, 방폐장 유치운동이라는 거울상이 나타났다. 경주, 영덕, 군산의 다수 주민들은 "개발을 바라기 때문에 방폐장이 필요하다"고 외쳤다. 결국 정부가 주도한 경쟁 방식의 주민투표에서 90% 이상의 주민이 유치에 찬성한 경주가 가장 높은 찬성률로 방폐장을 유치하는 데 '성공'했다.*

부안과 경주의 차이는 무엇일까? 부안 사람들은 방폐장이라는 리스크를 떠안음으로써 얻게 될 돈을 거부했고, 경주 사람들은 그 돈을 얻기 위해 리스크를 기꺼이 떠안았다. 부안 사람들이나 경주 사람들이나 모두 자신의 고장에서 잘 살고 싶은 마음은 같았을 것이다. 그런데 부안 사람들은 수백년 이상 방사능의 위험에 자신들과 자신들의 자식들이 노출되는 것을 거부했고, 안전하다는 정부와 기술자들의 말을 신뢰하지 않았다. 반면에 경주 사람들은 방사능의 위험을 낮게 평가했고 정부와 기술자들을 신뢰했다. 그들은 수백 년 이상 위험에 노출될 자신들의 자식들의 결정권을 빼앗아 현재의 이익과 맞바꾸었다. 그러나 그 책임을 찬성에 투표한 주민들에게 모두 돌릴 수는 없다. 이들은 정부와 한국수력원자력, 건설업자, 그리고 지방자치단체들이 짜 놓은 게임의 법칙 아래에서 연극배우와 같이 자신의 역할을 했을

* 윤순진(2007)은 생태민주주의를 생태정의 실현을 추구하면서 절차적으로 숙의 과정을 핵심적인 기제로 하는 사회정치 원리로 규정하고, 이런 관점에서 방폐장 주민투표는 민주주의의 외양에도 불구하고 생태민주주의의 기준에 부합하지 못했다고 말한다.

뿐이다. 스스로 위험을 떠안거나 마지못해 '살기 위해' 유치에 찬성한 잠재적 피해자에게 책임을 묻기는 어렵다. 이들 가운데 많은 사람들은 성장주의와 국가자본주의 담론 안에서 살아가고 있다.*

결국 우리가 원전을 돌리고 석탄화력발전을 하며 에너지와 자원을 흥청망청 쓰면서 풍요를 즐기는 한 지구 어디에선가는 기후변화, 방사능오염, 대기오염, 수질오염, 화학물질, 생태계 파괴로 고통받을 수밖에 없다. 어떤 이들은 이 시스템에서 이익을 얻고 어떤 이들은 피해를 떠안는다.

불평등에 맞서 평등하고 정의로운 세상을 만들려면 무엇을 어떻게 해야 할까? 산업주의 시대 사회주의자들은 평등한 권리와 기회를 얻기 위해 투쟁했다. 흑인 민권운동, 여성운동, 소수자운동에 참여한 사람들도 권리를 위해 싸웠고 적어도 제도적인 차원에서는 어느 정도 성공했다. 그런데 삶을 지탱해주는 지구 생태계가 위기에 처한 상황에서 산업주의 시대의 권리 담론이 여전히 유효할까? 지구 생태계가

* 2016년 9월의 지진으로 경주를 비롯한 영남지역 주민들은 삶의 기반이 흔들리는 고통과 불안 속에서 살아가고 있다. 과학기술에 대한 낙관과 경제적 보상이라는 물신은 이제 위험에 대한 공포로 되돌아오고 있다. 재난과 위험의 공포 속에서 새로운 전환의 가능성이 자랄 수 있다. 문재인 정부의 탈원전 정책은 이 극적인 변화가 드디어 시작되었음을 보여준다.

공짜 선물을 더 이상 주지 않는다면 우리는 누구와 싸워서 밥그릇을 키우고 먹을거리를 구할 것인가?

자연의 순수증여 시스템이 위기에 처할수록 불평등은 더욱 심각해지고 폭력과 전쟁의 그림자는 짙어질 것이다. 우물 안의 물고기들이 싸우면 서로 죽이다가 물이 썩어들어 모두 죽을지도 모른다. 우리는 이제 산업주의 시대의 평등과 다른, 더 고차원적인 평등을 새롭게 기획해야 하는 시대에 살고 있다. 지구라는 유일한 행성에서 다른 종들과 함께 살아가는 인류는, 인류가 인류에게 미치는 영향은 물론 다른 종들과 존재에 미치는 영향을 깊이 생각하면서 그들의 삶에 공감하고 책임을 느끼는 새로운 덕성을 발전시켜야만 한다. 우리는 이제 산술적 평등, 정치경제적 평등만을 추구하는 데에서 한걸음 더 나아가 지구라는 공동의 집을 함께 관리하는 데 참여하고 권리와 책임을 나누는 생태적 시민성 ecological citizenship을 키워가야 할 것이다.*

* 생태적 시민성은 앤드류 돕슨(Andrew Dobson, 2013)이 발전시킨 개념으로서 국가의 시민으로서의 권리에 초점을 맞추기보다는 지구시민으로서 지구에 미치는 생태적 영향에 대한 책무를 지키는 공화주의적 덕성(virtue)을 강조하는 개념이다.

미래세대의 권리와 자연

2000년 5월, 새만금 사업에 반대하는 만 18세 미만 어린이와 청소년 200여 명으로 구성된 '미래세대 소송인단'을 소송 당사자로 하여, 녹색연합과 생명회의가 정부를 상대로 새만금 사업의 중지 및 취소를 청구하였다. 미래세대 소송단 준비모임은 성명서에서 이렇게 말했다(정규호, 2010: 456-463).

> 어른들은 말끝마다 어린이는 미래의 주인공이라고 합니다. 자연은 미래세대의 것이라고 합니다. 그렇지만 어른들은 새만금처럼 커다란 공사를 하면서 그 미래의 주인공들에게는 물어보지도 않았습니다. 그곳엔 우리의 마음은 없었고, 어른들의 마음만 있었습니다. 어린이가 정말로 미래의 주인공이라면 저희에게도 생각할 시간을 주십시오(정규호, 2010: 458에서 재인용).

그러나 법원은 원고 부적합 결정을 내려 미래세대의 신청을 각하하였다. 미래세대 혹은 후손들이 자연을 누릴 권리가 있고 그것을 지켜줘야 할 책임이 현세대에 있다는 담론은 당위적으로 주장되고 있지만 현실의 제도에서는 잘 실현되지 않고 있다.

새만금 사례와 달리, 동강댐 사례는 정책을 결정하거나 추진하기 전에 정부와 시민이 함께 참여하여 협의하고 토론해 나갈 때 생태와 민주를 모두 살릴 수 있음을 보여주는 중요한 사례다. 정부는 1990년대 이후 수자원 확보와 홍수 예방을 위해 동강댐을 추진하고 있었다. 환경운동단체에서는 동강의 자연 생태계를 보호하기 위해 1997년 이후 동강댐 반대운동을 꾸준히 벌였다. 동강댐 반대운동세력은 정선 아리랑, 뗏목과 같은 문화적 상징과 비오리, 어름치, 수달과 같은 희귀 동물의 생태적 상징을 결합하여 '자연'에 대한 국민적 공감을 얻어내는 데 성공했다.

이러한 과정에서 1998년 출범한 김대중 정부는 국무총리실 주도로 민관공동조사단을 구성하여 공동연구를 하도록 했다. 민관공동조사단은 5개 분과로 나뉘어서 댐의 안전성, 지역의 생태적·문화적 가치, 경제성, 사회적 영향 등을 평가했다. 이 조사단은 약 1년간의 연구를 통해, 동강유역의 생태적 가치가 대체 불가능한 중요성을 갖기 때문에 댐을 짓지 않는 것이 타당하다는 결론을 얻었다. 이 연구가 거의 마무리되던 2000년 6월 5일 환경의 날에 김대중 대통령은 '새

천년 환경 비전'을 선언하면서 아름다운 자연을 보전하기 위하여 동강댐을 백지화하겠다고 발표했다. 이 사례에서는 민관공동조사단의 조사과정에서 명시적이지는 않았지만 사회적 약자, 미래세대, 비인간존재를 대리할 수 있는 생태학자, 문화인류학자 등이 참여하여 이들의 위험에 대해 숙의하는 과정을 거쳤다. 동강댐 백지화는 생태적 가치와 숙의적 절차를 모두 실현시킨 생태민주주의의 성공 사례라고 볼 수 있다(구도완, 2011).

모든 생명이 함께 살아가는 세상

모든 살아있는 존재는 자유롭게 살아가기를 꿈꾼다. 이전에는 사람만이 그 자유를 누릴 특권이 있다고 생각했지만 지금은 그렇지 않다. 환경재단이 주관한 2016년 환경영화제에서는 〈철창을 열고〉Unlocking the Cage라는 다큐멘터리 영화가 상영되었는데, 이 영화는 침팬지가 비인간인격체non-human person임을 법적으로 인정해 달라고 소송을 벌이는 스티븐 와이즈Steven M. Wise라는 변호사의 이야기를 담고 있다. 이 변호사는 침팬지, 돌고래, 코끼리 같은 동물들은 자의식이 있고,

스스로 결정할 능력이 있을 뿐만 아니라 사회를 이루어 살아가고 있으므로 인간은 아니지만 구속되지 않고 자유를 누릴 권리가 있다고 주장한다. 그는 침팬지들을 감금하고 학대하지 못하도록 요구하는 소송을 대법원과 여러 주의 법원에 제기했다.

여기서 중요한 점은 그가 동물복지 차원이 아니라 인신보호영장에 근거해서 침팬지가 인간은 아니지만 법적 주체로 인정될 수 있다고 주장한다는 점이다. 그는 대학에서 연구실험 대상으로 감금되어 있는 침팬지 등의 소송 대리인이 되어 판사들에게 이 침팬지들이 비인간인격체임을 인정해 달라고 호소했다. 지금까지 이 소송 프로젝트가 성공하지는 못했지만 의미 있는 진전을 이루고 있다고 이 변호사는 말하고 있다. 뉴욕주 법원의 바브라 제프Barbra Jeffe 판사는 법적 '인격'persons은 인간human beings에 국한되는 것이 아니고, 누가 인격체person인가 하는 것은 생물학의 문제가 아니라 공공정책과 원칙의 문제라고 말했다(https://www.nonhumanrights.org/ 2017년 7월 검색).

자유주의자들은 개인의 자유를 최고의 가치로 강조하면서 타인의 자유를 존중해야만 자신의 자유가 존중받을 수 있다는 도덕률을 강조한다. 그런데 여기서 존중받을 자유는 현세대 인간에 국한된다. 현세대 인간 가운데에서도 자유를 얻을 수 있는 기회를 갖지 못하는 이들의 자유에 대해서는 '기회의 평등'이라는 해결책을 제시한다. 그런데 이제 비인간존재의 자유와 권리에 대해서 깊이 생각하고 이들과 함께 살아가며 이들을 위해 삶을 바치는 이들이 늘어나고 있다.

우리나라에서 천성산 터널 건설 반대운동은 인간 이외 생물의 권리를 성찰하게 하는 중요한 운동이었다. 천성산 관통 반대 대책위원회는 2003년 10월 천성산에 서식하는 도롱뇽을 원고로 하고 자신들을 '도롱뇽의 친구들'이라는 이름의 대리인으로 하여 한국고속철도건설공단을 상대로 '고속철도 양산시 천성산 구간 공사 착공금지 가처분 신청'을 제기하였다. 법원은 이 사건에 대해 도롱뇽의 신청은 원고로서의 자격이 없다고 보고 각하했다.

생태적으로 지속가능한 경제

세상의 모든 생명이 자유와 평등을 누리며 함께 살아가는 사회를 꿈꾼다면 그런 사회는 어떻게 '먹고사는' 문제를 해결할까? 지금 우리는 경제성장을 하지 않으면 수많은 사람들이 실업의 고통을 겪을 수밖에 없는 산업자본주의 시대의 끝자락에 서 있다. 그런데 완전고용의 신화는 이미 사라졌고, 한편에서는 일이 너무 많아 과로로 고통받고, 다른 한편에서는 일이 없어 남는 시간과 빈 호주머니로 고통받고 있다.

그런데 이런 주류 세상의 경계 안팎을 넘나들며 새로운 대안을 모색하는 흐름들이 세계 여러 곳에서 나타나고 있다. 협동조합, 사회적 기업 등 사회적 경제, 농업 중심의 생태적 경제, 마을공동체, 대안교육 등 다양한 실험을 하는 사람들이 늘어가고 있다.

원주에서는 협동조합과 사회적 기업들이 모여 원주 협동사회경제네트워크를 만들어 협동적이고 생태적인 지역경제 체제를 만들어가고 있다(유채원·구도완, 2015). 한살림은 1986년 이후 20여 년간 시장 중심이 아닌 생명과 살림 중심의 그물망을 키워왔다. 이들은 농업과 밥상과 생명을 살림으로써 세상을 살리는 비전을 실천해 왔다. 서울 마포의 성미산 공동체 사람들은 도시에서 '마을'을 만들어 서로의 얼굴을 알고 인사를 나누며 밤마실 가는 커뮤니티를 만들었다. 4대강 사업에 끝까지 저항한 두물머리의 농부들은 "공사 말고 농사짓자!"고 외치며 다른 곳으로 옮겨 지금도 농사를 짓고 있다. 이들의 실천이 갖는 사회적 의미는 무엇일까?

첫째로, 이들은 화폐경제에 접속하지만 이와 동시에 자신들의 자립의 근거를 찾기 위해 노력한다. 원주 사람들은 밝음 신용협동조합을 만들어 지역의 자립적인 금융 시스템을 만들기 위해 노력해왔다. 유기농 먹을거리를 생산하고 이를 소비자들과 연결하여 생태적이고 경제적으로 지속가능한 농업의 틀을 발전시켜왔다. 충남 홍성군 문당리에서는 『21세기 문당리 발전 100년 계획』(2000)을 만들어 장기적으로 자립적인 발전 모델을 기획하고 실천해 왔다. 이들에게 자립은 고립적이고 퇴행적인 자급자족을 의미하는 것이 아니다. 국가와 세계 자본주의에 접속하지만 그로부터 자율성을 높여가며 호혜적인 관계망을 넓혀가는 자립 모델이 그것이다.

둘째, 이들은 화폐로 매개된 얼굴 없는 상호작용이 아니라 서로를 사람으로 인식하고 땀이 어린 노동을 서로 호혜적으로 교환하는 관계를 만들어 낸다. 이들은 상품(교환가치)이 아니라 생활재(사용가치)를 교환한다. 품앗이의 교환관계가 지역화폐로 전환하여 나타나기도 한다. 이들에게 농산물 가격의 결정은 시장만이 아니라 농업생산자의 생활 보장과 소비자의 건강, 그리고 환경보전이라는 목표 안에서 이루어진다. 칼 폴라니Karl Polanyi의 용어로 말하면 경제(시장)를 사회와 자연 안으로 다시 불려오는 것re-embedding이다.

셋째, 이들은 국가에 복지를 요구하거나 구걸하기보다 스스로 자신들의 협동적 삶을 조직하고 창조하는 데 관심을 집중한다. 국가의 공공성을 회복하고 높이기 위해 노력하기도 하지만, 자신들의 공동체 복지를 높이는 데 더 많은 시간을 할애한다. 그러나 국가가 자신들의 삶을 위협할 때 이들은 거리로 나와 자신들의 주장을 외치기도 한다. 생협 회원들은 2008년 광우병 촛불시위에 참여하기 위해 거리로 나왔고, 후쿠시마 원전사고 이후 탈핵운동에도 적극 참여하였다.

넷째, 이들은 공업 중심, 경제성장 중심 체제를 의심하고 다른 대안을 모색한다. 사회적 경제나 생태사회적 발전 모델을 통해 생태적 한계 안에서 호혜적 관계와 사회적 평등을 진전시킬 수 있는 시스템을 모색하고 있다(이시재 외, 2010).

마을이나 지역, 지방자치단체 수준에서 산업자본주의 시스템에 기대어서 만들어가는 이런 경제가 세상을 바꿀 수 있을까? 옛 국가사회주의자들 생각처럼 권력을 장악하여 자본주의의 소유관계를 급진적으로 바꾸어야만 불평등과 생태위기를 극복할 수 있는 것은 아닐까? 그런데 백 년 이상 지속된 사회주의의 역사적 실험에서 우리가 본 것은 자본주의 시스템을 하루아침에 위로부터 바꾸었을 때 계급지배가 사라진 자리에 세워진 것은 자유로운 개인들의 연합이 아니라 또 다른 폭력의 독점체인 권위주의 국가였다는 사실이다. 그러므로 우리는 지금 여기에서 생태적이면서 사회적인 경제, 즉 생태적 한계 안에서 공동의 것commons을 만들어가는 과정을 통해 사회적인 삶을 회복하는 경제를 키우고, 확장하고, 연결하는 일을 멈출 수 없다. 자본과 국가를 해체하기 전에 이미 사회 안에서 자연의 순환을 되살리며ecological 함께 나누는social 경제를 키워나갈 때, 우리는 강권적 위계를 최소화하면서 모든 개인들이 자유롭고 평등하게 자신의 잠재력을 발휘할 수 있는 정치경제를 만들어갈 수 있을 것이다.

시민의 참여와 토론으로 만들어가는 생태민주사회

인간의 자유와 평등은 물론 자연의 권리와 보존을 함께 추구하는 생태민주주의자들은 어떻게 사회를 바꿀 수 있을까? 이 새롭고도 어려운 과제를 신나게 해결해 온 사람들을 만나보자.

독일에서는 1960년대 이후 반전평화운동, 환경운동, 여성운동, 소수자운동 등 매우 다양한 신사회운동이 꽃피었다. 이들의 운동은 매우 과격하고 그 규모도 커서 수천 명, 수만 명의 시민들이 원전을 에워싸고 핵폐기물이 지나가는 철로 위에 몸을 묶는 일도 두려워하지 않았다. 이들의 힘은 수십만 회원의 환경운동 조직으로 발전했고, 1980년대 이후에는 녹색당이 의회정치에 참여하기 시작했다. 1998년에서 2005년까지 녹색당은 사민당과 연정을 이루어 연방정부의 집권당이 되어 원전의 단계적 폐쇄, 생태적 세제 개혁, 재생가능에너지 확산 등 중요한 정책 전환에 성공했다.

독일이 언제나 성공적이었던 것은 아니다. 메르켈 정부는 사민-녹색당 연정이 이미 결정한 원전폐쇄 계획을 취소하고 다시 원전을 가동하기로 결정했었다. 그러나 2011년 후쿠시마 원전사고 이후 독일에서는 원전 반대운동이 거세게 일어났다. 이 때문에 메르켈 정부는 원전포기 정책을 다시 추진하기로 결정했다. 원자력윤리위원회가 주도한 시민참여와 숙의 과정은 생태민주주의의 모범이 될 만하다. 독일 정부는 원자력 정책을 기술관료들의 결정에만 맡긴 것이 아니라 원자력윤리위원회를 구성해서 원전폐쇄 문제에 대해 사회적 토론을 조직했다.

덴마크에서는 의회의 자문위원회가 합의회의를 조직하

여 에너지와 환경이슈에 대한 생태민주적 대안을 정책으로 발전시키는 사례가 적지 않다. 스웨덴에서는 원전의 폐쇄 여부에 대해 1년여의 토론과 숙의를 거치고 이를 바탕으로 1980년 국민투표를 통해 원전을 더 이상 짓지 않고 2010년까지 원전을 폐쇄하기로 결정했다. 이러한 결정은 정치 상황에 따라 여러 번 변경되었지만 국민들의 참여와 숙의에 의한 미래에너지에 대한 의사결정이 이루어졌다는 점에서 중요한 의미를 갖는다(이이다, 2002).

우리나라에서도 시민참여로 생태민주사회를 만드는 일은 꾸준히 발전해 왔다. 앞에서 보았듯이 동강의 자연이 살아서 흐르고 있고, 장항 갯벌을 매립하는 대신 국립생태원이 서천시에 세워지기도 했다. 시민들이 주도한 햇빛발전소가 전국 이곳저곳에서 세워지고 있다. 시민들은 크고 작은 모임을 만들어서 사람들의 생각과 행동을 바꾸고, 공적 토론을 조직하여 지방자치단체와 정부, 국회의 정책과 법을 바꾸는 다양한 활동들을 벌이고 있다.

코스모폴리탄 생태자치

세계는 정보, 생태, 경제 등 여러 면에서 하나가 되어가고 있지만 우리는 여전히 우리 주변의 마을, 도시, 국가를 중심으로 생각하며 살아가고 있다. 마을에서 열심히 자립과 자치를 위해 애쓰는 사람들도 북한의 핵문제, 시리아의 난민문제, 기후변화문제 등을 생각하면 스스로 할 수 있는 일이 거의 없다고 느끼기 마련이다.

그런데 사실은 작은 일들을 통해 지구시민의 삶을 살아가는 사람들이 우리 주변에는 적지 않다. 공동육아를 꿈꾸던 몇 사람의 성미산 마을 사람들의 움직임이 알려지고 그 이야기가 수많은 마을운동을 낳고 이것이 서울시를 비롯한 지자체의 활동으로 확장되며 그 경험이 지속가능 도시 네트워크의 성공사례로 소통된다.

1970년대 일본의 젊은이들은 일본의 공해공장을 한국으로 수출하지 말라고 외치면서 공해공장 앞에서 시위를 이어갔다. 일본 정부와 언론은 처음에는 이를 무시했지만 이들의 운동 때문에 공장이 주변토양을 오염시켰다는 사실이 알려져 사회문제가 되기도 했다. 이들은 세계시민의 양심으로 “내 이웃을 오염시켜서는 안 된다”는 목소리를 일본 시민사회에 던진 것이다(구도완, 2015).

1990년대 대만 정부는 핵폐기물을 북한으로 수출하는 계획을 추진했다. 이에 한국 환경운동단체들은 격렬한 반대운동을 조직했고 대만환경보호연맹TEPU: Taiwan Environmental Protection Union 같은 대만 환경보호단체들도 이를 적극 지지했다. 미국 그린피스 회원들은 한국 환경단체 회원들과 함께 워싱턴의 대만 무역대표부 앞에서 "타이완, 타이완, 이웃나라를 오염시키지 마!"Taiwan! Taiwan! Don't Waste Your Neighbor!라는 구호를 외치며 핵폐기물 수출에 반대했다.

한국의 '에코피스 아시아'라는 단체는 현대자동차의 후원을 받아 중국 내몽고 지역에 풀과 나무를 심어 사막화를 방지하는 사업을 벌이고 있다. 황사문제를 일으키는 국가에 책임을 묻는 것이 아니라 피해자들 사이에 협력을 통해 함께 사는 방법을 찾고 있는 것이다. 서울시의 '원전 하나 줄이기 운동'은 전 세계적으로 큰 관심을 끌고 있다. 대만의 시민사회단체, 정부 등은 이 사업의 성공 경험을 나누기 위해 서울시와 교류를 계속하고 있다.

생태민주주의의 장은 마을-지역-국민국가-세계체제에 모두 펼쳐져 있다. 우리의 생활세계가 지구화globalization되어 있기 때문에 지구와 마을은 연결되어 있다. 이 때문에 새로운 생태민주시민의 활동은 다양한 규모로 확산되고 되돌아 올 수 있다.

거대한 국가들이 영토, 주권, 국익을 위해 서로 총칼을 들고 싸우는 동안에도 시민사회, 지방자치단체 들은 스스로 자신들의 삶을 생태적이고 민주적으로 전환하는 실험을 하고 있을 뿐만 아니라 다른 나라 시민들과 교류하고 연대하고 있다. 이러한 실천과 이것들을 정책과 제도로 만드는 일이 축적될 때 민회의 민회assemblies of assemblies, 결사의 결사associations of associations가 조금씩 진전될 것이다.

제7장

생태민주적 전환

어떤 국가?

우리는 앞에서 국민국가의 한계에 대해 이야기했다. 국가는 밝은 면과 어두운 면을 모두 가지고 있다. 국가는 생태민주주의의 도구가 되기에는 억압적 속성이 너무 크고, 해체하기에는 공공적公共的, public and common 역할이 너무 크다. 공동의 삶을 조직하고 공동의 자원을 관리하기 위해서는 국가를 하루아침에 해체할 수는 없다. 우리는 국가를 생태민주적으로 전환하여 억압적·권위적 특성을 없애고 정치 공동체의 충실한 일꾼으로 만들어가야 한다. 어떻게 그것이 가능하도록 할 것인가?

이상적인 국가 모델을 검토하기 전에 해방 이후 한국의 국가는 어떤 유형이었는지, 대안적인 국가 유형은 무엇인지

검토해보자. 국가 유형은 크게 **권위주의**와 **민주주의**로 나눌 수 있다. 그런데 이 기준과 별도로 환경을 파괴하는 것을 감수하고 성장과 개발을 지향하는 **성장주의**와 환경·생명·생태의 지속가능성을 우선하는 **생태주의**로 나눌 수 있다.

국가가 민중을 배제하면서 경제성장을 권위주의적으로 추진하는 모델을 **개발권위주의 국가**라 하고, 국가가 민중의 정치적 참여를 바탕으로 경제성장을 민주적으로 추진하는 모델을 **민주적 개발 국가**라 부른다. 반면에 국가가 민중들의 참여를 배제하고 권위주의적으로 생태적 지속가능성을 추진하는 모델을 **생태권위주의 국가**라 하고, 국가가 민중들의 참여를 바탕으로 민주적으로 생태적 지속가능성을 추진하는 모델을 **생태민주주의 국가**라고 부를 수 있다(표 5 참조).

한국의 역대 정부들은 성장주의 패러다임을 공유했다. 박정희 정권이 대표적인 개발권위주의 국가 모델이라면 김대중, 노무현 정부는 민주적 개발 국가라고 부를 수 있다. 김대중, 노무현 정부는 민주주의의 진전과 남북평화에 큰 기여를 했지만, 산업자본주의에 바탕을 둔 환경파괴적 성장전략을 개발권위주의 국가와 유사하게 추진했다.

현실에서 생태권위주의 국가나 생태민주주의 국가를 찾기는 거의 불가능하다. 그러나 우리는 현실 비판의 근거이

[표 5] 권위/민주, 성장/생태를 기준으로 한 국가 유형

	권위주의	민주주의
성장주의	개발권위주의 국가	민주적 개발 국가
생태주의	생태권위주의 국가	생태민주주의 국가

자 지향점으로서 생태민주주의 국가의 모델에 대해 논의할 필요가 있다. 앞의 3장에서 우리는 가치 지향과 핵심 행위자를 기준으로 다섯 가지 산업주의 정치담론을 살펴보았다. 여기에서는 그 기준에 따라 산업주의를 넘어서는 생태주의 정치담론을 살펴보려고 한다.

[표 6]은 평등, 국가, 생태를 기준으로 구분한 이념형적 정치담론들이다. 생태민주주의 국가는 평등 문제와 국가/개인/공동체 문제에 대해 어떤 정치담론을 지향할까? 산업 패러다임은 공업자본주의 시스템이 바람직할 뿐만 아니라 지탱가능하다고 주장하는 담론들이다. 그러면 생태위기를

[표 6] 평등/국가/생태 기준 정치담론

가치 지향	평등				불평등
핵심 행위자	공동체	국가			개인
산업주의 정치담론	리버테리언 사회주의 (아나키즘)	국가 사회주의	복지국가 자본주의	국가 자본주의	시장자유주의, 신자유주의
생태주의 정치담론	생태공동체/ 어소시에이션 주의	국가 생태사회주의	복지국가 생태자본주의 (생태 복지국가)	국가 생태자본주의	자유주의적 환경관리주의

주된 문제로 인식하고 산업 패러다임을 근본적으로 변형하거나 부분적으로 개선해야 한다고 보는 다섯 가지 생태주의 정치담론에 대해 간략히 살펴보자.

자유주의적 환경관리주의자들은 개인이나 기업이 주체가 되어서 환경기술을 적극적으로 개발하고 환경자원을 사적으로 소유하게 만들어야 환경위기를 극복할 수 있다고 주장한다. 국가 생태자본주의자들은 국가가 주도하여 환경기술과 산업에 대한 투자를 늘려 생태위기를 새로운 성장의 기회로 잡아야 한다고 주장한다.* 복지국가 생태자본주의자들은 국가가 주도하여 복지를 확대하거나 유지하면서 동시에 환경기술과 산업에 대한 투자를 늘려 경제성장을 유지할 수 있고 그렇게 해야 한다고 주장한다. 이 세 담론은 정도 차이는 있지만 사회적 불평등을 긍정하거나 불가피한 것으로 본다.

국가 생태사회주의자들은 국가가 중심이 되어 생태위기를 극복하고 평등한 세상을 만들어야 한다고 주장한다. 생태공동체/어소시에이션주의자들은 국가가 아니라 자유로운 공동체들이 연합하여 평등하고 생태적으로 지탱가능한 사회를 만들어야 한다고 주장한다. 이 두 담론은 생태적으로 지속가능하고 평등한 사회라는 목표는 공유하지만 그 주체가 국가와 공동체/어소시에이션으로 갈라진다.

생태민주주의 국가는 이 담론들 가운데 어떤 담론들과 친화적일까? 생태민주주의 국가는 국가, 개인, 공동체가 함께 참여하고 발전하면서 공업(산업) 패러다임을 넘어서서 유연

* 이명박 정부의 녹색성장 담론은 국가 생태자본주의 담론과 유사하다.

하고 종합적으로 문제를 해결하는 유능한 국가라고 할 수 있다. 우리는 부드러우면서 강한 국가를 통해 생태위기를 해결하면서 불평등 문제를 개선하며 개인과 공동체의 자유를 보장하는 모델을 발전시킬 필요가 있다.

이렇게 볼 때 개인이나 기업에 지나친 자유를 허용하고 공동의 자연을 사유화하는 자유주의적 환경관리주의는 생태민주국가의 이상과 거리가 멀다. 국가 생태자본주의 역시 권위주의 국가가 중심이 되어 자연을 상품화하고 자본축적에 집중하는 정치를 지향하므로 생태적이지도 민주적이지도 않다. 복지국가 생태자본주의 담론은 케인즈주의적 성장 모델을 지향하면서 축적된 자본을 바탕으로 환경문제를 해결하려고 하기 때문에 국가 밖의 사람들과 자연을 배제한다. 이 모델은 매우 현실적일 뿐만 아니라 정치적 동원을 위해 매력적이지만 지구시민과 미래세대, 비인간자연의 관점에서 보면 성장/국가/불평등의 패러다임에 갇혀 있다.

국가 생태사회주의는 생태적으로 지탱가능하고 사회적으로 정의로운 사회의 비전을 갖고 있으나 생태권위주의 국가라는 괴물을 불러올 수 있다. 생태공동체/어소시에이션주의는 자유로운 개인들이 평등하게 생태적으로 지속가능하며 정의로운 세상을 만드는 이상을 갖고 있으나, 이 이상을 실행할 권력의 문제에 대해 답을 갖고 있지 않다.

생태 패러다임의 다섯 가지 이념형적 정치담론은 모두 뚜렷한 한계를 갖고 있다. 현실 정치에서는 시공간을 가로질러 위의 열 가지 담론들이 얽히고설키며 전진과 후퇴를 거듭한다.

생태민주국가 또는 녹색국가는 생태적 지속가능성을 우선으로 하면서 불평등을 최소화하고 개인과 공동체의 자유를 높이기 위해 억압적 권력과 폭력을 최소화하면서 공동의 것commons**을 늘려나가는 민중들의 자치체라고 말할 수 있다.** 생태민주국가는 국내총생산GDP이라는 잘못된 지표에 정책의 초점을 맞추는 것이 아니라, 사람들의 실질적인 삶의 질과 평화의 증진에 초점을 맞춘다. 한마디로 녹색국가는 현세대 인간 중심의 민주주의가 아니라 미래세대(후손)의 삶의 질은 물론 자연과 인간의 조화로운 관계에 관심을 집중한다. 이와 같은 규범적 이상이 현실에서 실현될 수 있을까? 어떤 현실적 조건과 주체적 행위가 결합될 때 이런 이상이 실현될 수 있을까?

첫째, 위험 결정자의 우월한 권력과 피해자의 취약성에 대한 인식이 확산되는 것이 필요하다. 다시 말하면, 위험의 불평등한 배분 때문에 사회경제적 약자, 미래세대, 비인간

자연이 더 큰 피해를 받고 있다는 점을 사람들이 인식할 필요가 있다. 세계적 불평등과 환경위기가 심화될수록 상호의존적인 지구의 생태계와 경제 시스템이 지탱불가능하기 때문에 공멸의 리스크가 커진다는 사실을 세계인들이 인식해야 한다. 울리히 벡의 용어로 표현하면 글로벌 리스크의 상호성reciprocity과 재귀성reflexivity을 사람들이 인식하는 것이 필요하다.* 이런 인식이 확산될 때 자기절멸을 막기 위한 자구책으로서의 사회운동과 그것의 제도화가 가능하다.

둘째, 자기 이해관심을 넘어서서 다른 존재에 대한 공감능력이 확대되고 확산되는 것이 필요하다. 한 번도 만나보지 못한 먼 나라 어린이를 위해 기꺼이 매달 후원금을 내는 시민이 늘어날 정도로 인류의 공감능력이 커졌다. 북극곰이나 돌고래, 길고양이를 진심으로 사랑하고 이들에게 감정이입을 하며 이들을 위해 몸과 마음을 쏟는 이들도 늘어나고 있다. 인류의 공감능력이 커지면서 증여와 답례의 상호적인 교환을 넘어서서 자비benevolence를 실천하는 사람들과 결사가 늘어날 때 새로운 국가의 토대가 만들어질 수 있다. 공감이

* 여기서 재귀성은 현대화의 결과로 생긴 지구적 위험이 그 현대화의 주체들에게 다시 돌아오는 현상을 설명하는 개념이다. 위험은 위험 결정자에게도 위해(hazard)로 다시 돌아온다.

규범을 낳고 규범적 행위가 반복되고 축적되어 세계시민의 연대라는 상징적인 규범의 힘이 생길 수 있다.

셋째, 글로벌 위험에 대한 인식과 생태적 공감능력이 확산될 때 호혜적이면서 규범적인 행위자들의 연결망이 만들어지고 이를 바탕으로 생태민주적인 제도가 형성되고 발전할 수 있다. 한편으로 개인과 집단의 생태위기의 구조에 대한 인식이, 다른 한편으로 생태적인 세계시민들의 공감능력이 확산될 때, 규범적인 운동뿐만 아니라 자기절멸을 막기 위한 자구책으로서의 사회운동이 발전할 수 있다. 이런 힘을 바탕으로 생태민주국가 또는 생태민주도시로의 전환이 틈새에서 나타나고 이들의 연대가 전체적인 제도와 경관landscape의 변화를 낳을 수 있을 것이다.

나는 문순홍(2006)이 전망했듯이 생태복지국가(복지국가 자본주의)를 징검다리로 삼아 생태적 공동체와 어소시에이션들이 자치의 역량을 최대로 키워 생태자치연방을 지역region 차원에서 만들어 나가면서 세계적인 생태 거버넌스를 만드는 유토피아를 그린다. 달리 말하면, 국가에 모든 권한을 양도하는 것이 아니라 아래로부터 결사들의 결사를 통해 자치를 확장하고 도시들의 연대를 확장하며 평화국가들의 연합체로서 글로벌 위험을 관리하는 세계시민의 거버넌스를 꿈꾼다.* 거대한 기획이지만 변화는 언제나 작은 틈새에서 시작된다.

생태민주적 전환의 비전

성장 중심의 산업자본주의 패러다임을 어디서부터 어떻게 바꾸어야 생태적이고 민주적인 세상을 만들 수 있을까? 그 밑그림을 살펴보자.**

첫째, 경제의 전환transformation이 필요하다. **경제 시스템을 산업자본주의 중심에서 지속가능한 생태경제로 전환해야 한다.** 현대는 산업자본주의에 의해 지배되고 있기 때문에 산업주의와 자본주의 안에서 이를 조금씩 변형시키면서 새로운 체제의 씨앗을 키워나가는 장기적 과정이 필요하다. 우선 GDP 중심의 국가 통계 시스템을 삶의 질, 행복, 지속가능 복지 지수

* 이런 과정이 평화롭게 별 어려움 없이 이루어지리라고 생각할 수는 없다. 윌리엄 모리스는 『에코토피아 뉴스』라는 소설을 통해 인류가 경험해야 할 지난한 갈등과 투쟁에 대해 이야기했다.

** 이 부분은 내가 참여한 환경운동연합의 정책보고서(2017)의 일부분을 수정, 보완한 것이다.

등으로 개편하는 것이 하나의 시작이 될 수 있다(아마티아 센 외, 2011). 이와 함께 환경을 파괴하고 자원을 착취하는 행위에 대해서는 세금이나 부담금을 더 많이 물리고, 자연을 보호하고 사회경제적 약자들의 삶의 질을 높이는 행위에 대해서는 보조금을 높이는 경제, 세제 정책 즉 생태적 세제개혁을 추진하는 것이 필요하다. 원자력, 석탄, 도로건설 등에 지급되는 환경파괴적 보조금을 줄이고 점차 없애나가는 것도 매우 중요하다.

둘째, 생산의 전환 즉 생산 부문에서 자원을 덜 쓰고 폐기물과 오염을 줄이며 효율을 높이는 정책이 필요하다. 기술개발에만 의존하여 생태효율성을 높이는 전략은 소비를 늘려 환경오염을 줄이지 못하는 경우가 많다. 다시 말하면 한 단위의 재화나 서비스를 생산하는 데 드는 자원을 줄이면 오염은 줄어들지만 소비가 늘어나서 전체적으로 보면 자원 남용과 환경오염은 심화된다. 우리나라를 비롯한 산업화된 국가들은 이제 성장 중독에서 벗어나 **탈성장**de-growth **전략에 대해 깊이 고민하고 이를 점진적으로 실천해 나가야 한다.***

* 탈성장은 매우 고통스러운 사회적 과정을 동반할 것이다. 이 과정에서 사회경제적 약자들의 고통을 증가시키거나 온존시키지 않기 위해서 다양한 형태의 사회적 합의가 필요하다. 네덜란드의 그린 폴더 모델(Green polder model)이나 독일의 생태

셋째, 환경을 파괴하고 자원을 낭비하는 산업에서 자연을 덜 파괴하며 모든 이들의 삶의 질을 높이는 방향으로 산업구조를 전환해야 한다. 인류는 놀라운 기술발전으로 높은 생산력을 실현했지만 여전히 공업 중심의 산업구조는 지속되고 있다. 현대의 기술과 산업을 생태적 한계 안에서 재구조화하는 전략을 지금부터 추진해야 한다. 원전, 석탄화력, 대형 댐, 간척 등 환경파괴적 산업에서 재생에너지, 자연형 하천개발, 역간척, 친환경 농업, 돌봄 노동 등 생태적·사회적으로 지속가능한 산업으로 전환하는 것이 절실하다. 저개발국 사람들의 필요를 충족하기 위해서는 더 많은 성장과 지속가능발전 전략이 필요하지만 한국을 비롯한 산업화된 국가들은 환경파괴적 공업 중심에서 지속가능한 농업, 돌봄 노동, 사회적 경제 중심으로 산업구조의 중심을 옮겨나가는 것이 필요하다.

넷째, 노동의 전환이 필요하다. 노동시간을 줄이고 교육, 돌봄 등 자원을 덜 쓰면서 행복을 높이는 일자리를 만들고 일과 생활의 균형을 이루는 경제사회 정책으로 전환해야 한다. **모**

적 현대화론(ecological modernization)은 이행기 전략으로서 적극 고려해야 할 것이다(구도완·박치현, 2007). 그린 폴더는 녹색 간척지라고 번역할 수 있는데, 간척지 안에서 네덜란드 사람들이 서로 갈등을 지양하고 노동자와 자본가가 협력을 이룬 모델을 환경 영역에서도 이루어 간 역사적 경험을 일컫는 말이다.

두를 위한 일과 여가가 필요하다. 이를 위해서는 거대 산업, 금융자본 중심의 체제를 변형해 나가야 한다. 노동운동가들 혹은 노동계급은 산업자본주의 시스템에 포획되어 있는 경우가 많다. 한국수력원자력의 노동자들은 자신들의 일자리를 지키기 위해 국가경제 담론을 동원하며 탈원전정책에 적극 반대한다. 생태민주적 전환을 위해서는 이들이 자신의 존엄과 생존을 지키며 생태적으로 지속가능한 일을 할 수 있도록 국가와 사회가 최대한 지원해야 한다.

다섯째, 소유의 전환이 필요하다. 자연환경(토지, 대기, 바다, 강, 바람, 지하수, 야생동식물 등)은 지구상 모든 생명이 살아가는 터전이므로 국가와 유엔은 이를 공적 자산으로 수탁하여 관리할 책무가 있다. 국가는 이를 훼손하는 행위를 제한해야 할 뿐만 아니라 지역주민을 비롯한 모든 사람들이 공동으로 이를 보전하고 관리하도록 지원하는 법과 제도를 발전시킬 책무가 있다. 인류는 오랜 역사 속에서 공동체가 자연을 관리하며 무리를 이루어 살아왔다. 그러나 국가가 점차 커지면서 마을과 공동체의 공동자원(commons 또는 common pool resources)에 대한 관리권은 약화되거나 사라졌다. 이제 지구의 자원과 자연이 점차 희소해지고 이를 둘러싼 갈등이 심해지는 상황에서 국가와 지방자치단체는 물론 마을공동체가 공동의 자연을 지속가능하게 유지하고 관리할 수 있는 소유제도를 발전시키는 것이 필요하다. **모든 것이 개인, 기업, 시장에 맡겨져 있는 상황에서 자연을 다시 함께 지키고 관리하는 공동화**commoning**를 위한 노력이 필요하다.***

여섯째, 기술의 전환이 필요하다. 오늘의 풍요는 과학과 기술의 발전에 크게 의존하고 있다. 과학기술은 우리에게 풍요를 안겨 주었지만 불평등과 환경파괴도 가져다주었다. 인간 이외의 유기물과 무기물을 분석과 착취의 대상으로 취급하는 가치관은 기술발전과 함께 성장했다. 이제 우리는 그 맨 끝에 와 있다. 기술을 유기적이고 생명과 사랑이 넘치는 사회 안으로 다시 불러들이지 않으면 기술–자본–산업 동맹의 노예가 된다(멈포드, 2013). 따라서 환경과 생명을 파괴하고 생명을 도구화하는 과학기술(GMOs, 원전, 핵무기 등)을 통제하고 에너지와 자원을 덜 쓰면서 폐기물과 온실가스를 덜 배출하며 그 혜택이 모든 이에게 돌아가는 환경친화적 기술을 개발하고 이를 사회가 통제해야 한다.

일곱째, 소비의 전환이 필요하다. 오늘날 한편에서는 너무 많

* 이런 관점에서 생태적 공공성 개념을 발전시키는 것이 필요하다. 여기에 대해서는 최현 외(2016a, 2016b)를 보라.

이 소비하고 다른 한편에서는 너무 적게 소비한다. 자본주의는 확대재생산을 통해 불필요한 소비를 부추겨서 지구를 위험에 빠트리고 있다. 개인이나 공동체가 지속가능한 소비를 위해 실천하는 것은 매우 중요하고 필요한 일이다. 그러나 소비는 구조적인 문제이기 때문에 개인의 생활양식 변화만으로 전환을 이루는 것은 한계가 분명하다. 자원낭비, 환경파괴적 소비를 줄이고 자연의 순환을 되살리고 이웃 간의 우애를 높이는 지속가능한 소비로 전환하기 위해서는 경제적 유인과 생태적 시민성ecological citizenship 강화가 모두 필요하다. 한편으로는 경제적 유인으로서 생태적 세제개혁이 필요하다. 그러나 이것만으로는 불충분하다. 소비의 의도하지 않은 결과에 대해 스스로 성찰하고 이에 대한 책무를 실천하는 덕성을 키우는 생태적 시민성을 시민들이 키워나가는 것이 필요하다. 과시적인 소비나 개인적 탐욕이 아니라 사람들 사이의 연대를 통해 화폐소비 없이도 성숙과 풍요를 경험하는 문화가 자리잡을 때 끊임없이 생산을 확대해야만 하는 생산의 쳇바퀴treadmill of production의 악순환에서 벗어날 수 있을 것이다(Schnaiberg, 1980).*

* 슈네이버그는 생산의 쳇바퀴라는 개념을 통해 현대 산업자본주의 시스템이 끊임

여덟째, 시민사회의 전환이 필요하다. 시민은 사적이면서 공적인 정치적 주체들의 집합이라고 정의할 수 있다. 시민들은 소비자, 노동자, 주부, 청년, 실업자, 투자자, 자본가, 어린이, 노인 등 다양한 주체의 위치를 가지기 때문에 이들의 요구와 선호는 다를 수밖에 없다. 따라서 이들은 자신들의 입장에서 국가에 무언가를 요구하는 주창 집단으로 조직된다. 그런데 우리 인간들은 각자 주체의 지위를 누리지만 지구라는 행성 안에서 살아가고 있는 하나의 종이다. 그 행성에는 인류는 물론 수많은 유기체와 무기물이 서로 영향을 주고받으며 살아가고 있다. 자본주의는 '나'라는 개인의 독립적인 이미지를 만들어내는 데 크게 기여했다. 나는 독립적인 존재로서 내 뜻에 따라 내 힘으로 살아가고 있는 것처럼 보이지만, 사실 나는 내 노력으로 이루지 않은 것들에 의존하여 살아가고 있다. 따라서 우리는 우리가 기대어 사는 지구의 한 성원으로서 지구의 지속가능성을 위해 기여해야 할 책무를 가질 수밖에 없다. 이런 관점에 서면 **시민사회는 사적 이익의 결사체를 넘어 생태적 한계 안에서 자기성찰적인 능력을 키우고 이를 제**

없는 확대재생산을 통해서 환경오염을 유발하며 소비를 강요하는 시스템을 비판했다. 그에 의하면 소비가 아니라 생산이 더 중요하다.

도로 전환시키는 힘을 키워야 한다. 우리는 민주주의 체제에서 권리의 주체이지만 동시에 지구 생태계의 한 구성원으로서 다른 사람, 다른 종에 미치는 우리의 영향을 성찰해야 하고 성찰할 수 있는 주체이기도 하다. 시민사회는 권리의 주체이면서 동시에 성찰의 주체로서 자치의 힘을 키워나가는 것이 필요하다.

아홉째, 국가권력을 생태민주적으로 전환해야 한다. 시장의 힘이 커질수록 국가의 공적 책무는 더 무거워진다. 2016~2017년 촛불의 슬로건은 "이게 나라냐"에서 "이게 나라다"로 바뀌었다. 그러나 "이게 나라다"라는 명제는 아직 미완이다. 오늘날 국가는 국민국가로서 국민들의 행복을 증진시킬 책무를 가질 뿐만 아니라, 세계시민들과 함께 보편적 가치와 자원을 지키고 관리해야 할 책무를 떠안는다. 권위주의 정부들은 국민으로부터 권력을 위임받았음에도 스스로 권력의 주체라고 의도적으로 오해하고 권력을 사유화하고 남용했다. 이제 우리는 억압적·폐쇄적 권력에서 '친절하고 열린 권력'으로 전환해야 한다(한병철, 2011). 새로운 국가는 근대국가 이후 확립된 '폭력의 독점체'로서의 지위를 스스로 내려놓고 거버넌스 위원회, 숙의 포럼 등을 확대하고 이를 바탕으로 풀뿌리 정치 공동체에 바탕을 둔 분권과 자치 체제를 지향해야 한다. 모든 이들이 정치과정에 참여하여 스스로 토론하고 숙의하여 권력과 이익에 대해 협의하고 합의를 형성할 때 국가의 억압적 기능은 줄어들고 공동자원의 관리자로서의 기능과 권능은 커진다. 이제 **국가는 시민들의 참여 속에서 불평등을 줄여나가며, 기후변화 대응, 생물종 다양성 등을 위해 호혜적 교류와 협력을 확대하는 생태민주국가로 전환해야 한다.**

열째, 한국은 남북한과 동아시아의 지속가능한 발전과 영구평화를 정착시키는 생태민주적인 코스모폴리탄 평화국가로 전환해야 한다. 2차대전 이후 전 지구적으로 평화가 진전되었지만 한반도에서는 아직도 전쟁상태가 계속되고 있다. 남북한의 휴전상태는 남북한 양쪽에서 억압적 국가를 온존시키고, 민주적이고 평화적인 국가의 탄생을 가로막고 있으며, 주변국들의 적대 관계를 강화하고 있다. 잠재적 전쟁상태로 이익을 보는 세력들은 이런 적대적 상호의존 체제를 온존시킴으로써 환경과 생명을 파괴하는 군수산업, 토건산업을 확대 재생산하고 있다.* 인류는 물론 수많은 생명을 절멸시킬 핵무기와 화학무기 앞에서 영구평화를 이루기 위해서는 작은 신뢰를

* 평화의 댐은 잠재적 전쟁상태가 얼마나 많은 토건예산을 낭비하고 자연을 파괴하는지를 보여주는 산 증거다.

큰 신뢰로 확장해야 한다. 남북 상호교류와 협력을 통해 신뢰를 확장하고 이를 바탕으로 남북한이 함께 협력·발전하는 '한반도 지속가능발전' 모델을 만들어야 한다. 이를 위해 새로운 국가와 시민사회는 평화를 추구하는 세계시민과 연대하여 무력과 긴장을 줄여나가서 결국에는 각국의 무력을 국제기구에 양도하고 지역의 안전보장을 집단적으로, 지구적으로 추구하는 '영구평화'의 이상을 실현하는 방안을 찾아 나가야 한다(칸트, 2011).

생태민주 헌법의 구상

헌법은 정치 공동체의 가치와 원칙에 대한 기본적인 합의 가운데 하나라고 볼 수 있다. 생태위기 시대 헌법은 어떤 가치를 담아야 할까? 기후변화와 핵 위험의 시대에 우리가 새로운 헌법을 만든다면, 우리 민족과 국민의 생존뿐만 아니라 미래세대의 권리와 비인간생물, 그리고 자연의 내재적 가치를 존중하고 이를 지키기 위한 세계시민의 관점을 강조해야 할 것이다. 왜냐하면 기후변화와 핵의 위험은 우리 국민은 물론 전 지구의 생명을 위험에 몰아넣고 있기 때문이다. 헌법의 기초인 지구가 흔들리는 상황에서 헌법의 기초를 잘 보살피는 것이 무엇보다 중요하다. 이런 관점에서 나는 아래와 같은 원칙이 강조되어야 한다고 본다.

첫째, 가장 약한 이들을 최대한 배려해야 한다. 현행 헌법은 이러한 정신을 어느 정도 담고 있지만 이를 좀 더 분명히 할 필요가 있다. 사회경제적 약자들은 경제적 불평등뿐만 아니라 환경파괴로부터 말 못할 고통을 받고 있다. 가습기 살균제로 죄 없이 죽어간 어린이들을 보면 국가와 기업의 무책임과 부작위가 얼마나 위험한 범죄행위인지 잘 알 수 있다. 위험 결정자들은 위험한 시설들을 인구가 적고 사회경제적으로 취약한 이들이 사는 곳에 주로 건설한다. 사회적 약자들은 위험 결정자들(주로 국가 관료와 정치인, 그리고 자본)이 위험의 배분을 결정하는 순간부터 지역갈등과 잠재적·실제적 위험으로 고통받는다.

둘째, 미래세대가 지구에서 스스로의 필요를 충족하며 평화롭고 행복하게 자신의 잠재력을 발휘할 수 있는 권리를 가진다는 것, 그리고 현세대에게는 이들의 필요충족 능력을 저해해서는 안 되는 책무가 있음을 명시할 필요가 있다.

셋째, 비인간생명은 인간의 필요 여부와 관계없이 내재적 가치를 가진다. 만약 현세대 인간들의 탐욕이나 부주의로 어떤 종이 멸종에 이른다면 미래세대는 지구의 다양한 생명체와 함께 살아갈 수 있는 기회를 잃어버릴 수밖에 없다. 인간은 다른 생물들과 달리 법적 책임과 의무의 주체가 될 수 있지만 그 사실이 인간이 다른 생물보다 도덕적으로 더 우위에 있으며 법적 보호의 유일한 대상이 되어야 함을 의미하는 것은 아니다.

넷째, 산, 강, 숲, 바다, 광물과 같은 자연은 그 자체로 수많은 생물이 사는 서식지이거나 미래세대의 필요를 충족시킬 수 있는 자산이므로 현세대의 국가나 개인, 집단이 이를 함부로 훼손하거나 독점해서는 안 된다. 공동자원commons, common pool resources은 공동체, 국가, 그리고 세계시민의 공유자산이므로 국가는 이를 지속가능하게 관리하고 유지해야 한다.

다섯째, 지구의 관점이 필요하다. 국토의 자연과 환경, 그리고 사람들의 삶은 지구의 일부분으로 그 영향을 받는다. 또한 한국인의 행위는 지구 환경에 생태적 발자국을 남기며 영향을 미친다. 따라서 지구의 일원으로서 한국의 국민과 국가가 맡아야 할 세계시민(코스모폴리탄)으로서의 책무에 대해 토론하는 것이 필요하다(컬리넌, 2016).

여섯째, 분권과 자치를 확대하여 중장기적으로 생태민주

적인 자치체들의 연방을 지향하는 한반도에 대해 논의할 필요가 있다.

위와 같은 가치와 원칙을 어떻게 헌법에 담을 것인가? 환경운동연합은 2017년 3월 17일에 정책제안 보고서에서 생태헌법의 필요성과 개정 방안을 제안했다. 생태헌법에 대한 내용은 박태현이 주도적으로 작성했는데, 여기에는 동물보호, 지속가능발전, 생명, 참여 등 중요한 가치들이 담겨 있다. 또한 대화문화아카데미의 2016년 헌법안에도 생태헌법을 지향하는 내용이 담겨 있다. 박명림은 새 헌법안은 생명헌법, 인권헌법, 생태헌법을 지향한다고 하면서 생명, 인권, 생태는 대한민국의 양보할 수 없는 가장 중요한 공동체 가치가 되어야 한다고 말한다(김문현 외, 2016: 52-53). 환경운동연합과 대화문화아카데미의 논의들은 매우 전향적인 내용들을 담고 있어서 앞으로 헌법을 생태민주적인 방향으로 개정하는 데 중요한 준거가 될 것이다.

생태민주적 세계시민

생태민주주의를 실천하는 이들은 누구인가? 옛 민주주의

의 주체들은 스스로의 권리를 외치며 자유와 평등을 쟁취했다. 내가 내 권리를 위해 싸우지 않으면 아무도 나를 인정해 주지 않으니 저항해야 한다는 투쟁 정신이 이들에게 있었다. 이들은 시장과 국가의 영역에 저항하며 개인과 결사의 힘을 키워왔다. 국가와 시장은 이들에 대해 더 많은 경제적 소득을 보장함으로써 소비사회를 완성했다.

그러나 이제 소비와 생산의 지속적인 증가가 한계에 부딪힌 현실에서 이런 민주주의 모델이 새로운 미래를 만들어 낼 수 있을까? 더 많은 시장, 더 많은 소비와 생산은 자연과 사회, 그리고 시장의 한계 때문에 불가능하다.* 이러한 상황 속에서 절대 빈곤의 고통을 벗어나 기본적 필요를 충족하며 다른 삶, 다른 정치를 꿈꾸는 새로운 주체들이 여기저기에서 나타나고 있다. 이들은 완전고용과 복지국가의 이데올로기를 믿지 않으며, 물질적 풍요에 집착하지 않고 사회적, 실존적, 비물질적 행복과 자기실현을 추구하는 이들이다. 회사인간, 국가인간이 되기보다는 자유로운 개인이 되어 친구들과 이런저런 연결망을 만들고 이를 즐기는 독립적이고 자

* 지구 전체적으로 볼 때 일부 국가, 일부 자본이 성장을 이룰 수 있겠지만, 그것은 상대적인 의미의 성장을 의미할 뿐이다.

립적인 인간형이 나타나고 있다.

이들은 자신의 삶을 반성하고 성찰하지만 책임감의 무게에 짓눌리지 않고 유쾌하게 오늘을 살아간다. 권리담론을 주장하는 이들이 옛 민주주의 시대의 시민이라면 이제 새롭게 나타나고 있는 인간형은 생태민주적 세계시민이라 할 수 있다. 이들이 바로 생태민주주의의 주체다. 나는 이런 새로운 인간형을 협동조합 조합원과 활동가, 환경 · 여성 · 시민사회운동가, 풀뿌리마을운동가, 문화운동가, 녹색정치인 등 여러 분야에서 보고 있다.

우리 모두는 생태민주적 세계시민의 꿈과 능력을 내면에 가지고 있다. 다만 여러 조건들 때문에 그것을 발휘하지 못하고 있을 뿐이다. 생태민주적 세계시민은 거창한 명망가나 전투적 운동가가 아니라 우리 주변에 있는 친구들이다. 이들은 세상의 불의와 자연의 파괴에 분노하며, 민족을 넘어서 인류에 대한 사랑과 자연에 대한 공감을 절실히 느끼는 이들이다.* 이들은 비록 소수이지만 틈새niche에서 생태민주적 전환을 이끌고 있다. 이들에게 중요한 것은 다른 생명에

* 나는 대화문화아카데미에서 2013년 이후 5년째 진행하고 있는 '배곳 바람과 물'이라는 교육 프로그램에서 이런 젊은이들을 만날 수 있었다.

대한 공감이다. 실존하는 '내'가 다른 실존인 '너'(여기에는 비인간존재도 포함된다)를 만나 '우리'를 인식하면서 거짓 자기를 버리고 더 크고 성숙한 나를 만나게 되는 과정이 이들에게 일어난다. 이런 과정에서 국가, 국민, 인류, 계급의 경계는 허물어지고 생태민주적 세계시민이 탄생하는 것이다. 후쿠시마 원전사고라는, 경계를 넘는 재난을 통해 위험 공동체임을 인식한 한국, 대만, 일본의 시민들이 다양한 교류를 하면서 탈핵의 연대를 발전시키는 것도 이런 생태민주적 세계시민의 모습이다.

생태민주주의를 향하여

인류는 자연이 주는 햇빛과 바람과 비를 공짜로 받으면서 때로는 힘들게 때로는 편안하게, 사냥하고 열매를 따 먹고, 제사도 지내고 축제도 벌이며 공동체를 이루어 살았다. 농업혁명 이후 이들은 공동체 안에서 그리고 공동체들끼리 서로 싸워 약한 자, 전쟁에 진 자들을 노예로 삼기도 했지만, 대부분의 시간을 서로 협동하며 사회적인 존재로 살았다. 공동체에서는 서로 의존하지 않으면 살기 어렵기 때문에 협동은 인류의 몸에 새겨진 문신과 같다. 서로를 돌보며 함께 음식을 나누고 남는 것 혹은 귀중한 것을 서로 선물로 주고받는 일이 사회를 더욱 결속시켰다. 선물의 순환은 도덕적 규범으로 자리잡아서 사람들의 삶을 이끌었다.*

기술의 발전은 비교적 평등한 공동체의 삶을 바꾸어 놓기 시작했다. 거대한 국가들이 생기기 시작했고, 계급(신분), 성별, 종족 등의 차이에 따른 배제와 차별은 구조화되었다. 증여는 사라지지 않았지만, 국가에 의한 약탈(세금)과 재분배(군사적 안전과 구휼 등)의 시스템이 지배적인 자리를 차지하게 되었다.

과학기술혁명, 산업혁명이 일어나면서 세상은 또 다시 바뀌기 시작했다. 순수증여와 증여의 순환을 통해 이루어지던 사회적 연대의 그물은 혼자 살 수 있는 기술, 권력, 돈을 가진 사람들과 (국가) 공동체에 의해 지배되게 되었다. 산업혁명으로 얻은 기계와 기술의 힘으로 무장한 자본가들은 먼저 자신의 공동체를 지배하고(영국의 인클로저) 다음으로 약한 국가와 공동체를 공격하거나 자신들의 시스템에 편입시켰다.

* 이런 시대에 모든 사물, 거대한 자연, 공동체 등 자신들에게 소중하거나 절대적으로 보이는 대상을 신으로 모시는 종교가 발전했다.

이제 세상은 이윤을 위해 자연과 사람을 토지와 노동력이라는 상품으로 취급하는 시장경제에 의해 새롭게 재편되었다. 이러한 변화 과정에서 전근대 국가의 정치군사적 억압 아래 있던 민중들은 새로운 도전과 기회를 맞았다. 어떤 이들은 신분과 계급의 차별을 넘어서 자본가가 될 기회를 얻었고, 또 어떤 이들은 공장 노동자의 삶을 택해야 했다. 산업자본주의의 기차에 올라타지 못한 많은 개인과 (국가) 공동체는 식민지의 2등 국민이나 노예로 살아야 했다. 한편 산업자본주의는 풍요와 자유의 공기를 가져다 주었다. 신분차별 없는 세상에서 자본주의는 자본 앞에서 평등과 자유를 선사했다. 그러나 시장이 중심이 된 사회에서 민중들은 노동력을 팔 자유는 있지만 정작 그것을 팔기 어려울 뿐만 아니라 노동력과 함께 시간, 공간, 영혼도 함께 팔아야 했다.

다른 한편으로 산업자본주의의 고삐 풀린 기술은 자연에 대한 착취를 극적으로 전환시켰다. 이제 순수증여의 순환 시스템이 위기에 처하게 되었다. 국가는 권력에 대한 욕망, 거들먹거림, 다른 국가에 대한 적대(영토문제), 문제를 해결할 수 있는 능력의 부족, 민중에 대한 배제 등 많은 문제들 때문에 시장을 제대로 길들이지 못하고 있다. 증여의 순환은 시장의 광폭함 때문에 축소되고 축소되어 가족, 몇몇 친구, 작은 공동체 안으로 숨어들어 버렸다.

과학기술-기계-공업-자본으로 결합된 산업자본주의 아래 인류와 지구는 이제 기후변화와 같은 전 지구적인 생태위기 앞에 서 있게 되었다. 자연이 더 이상 공짜로 선물을 주지 않는 상황에서 인류가 아무리 돈을 찍어 시장경제를 돌리려고 해도 시장도, 국가도, 사회도 지탱하기 어려운 상황으로 가고 있다. 이제 우리는 이런 상황을 바꾸어야 한다.

자연의 순수증여 시스템이 다시 작동하고 그것이 앞으로도 유지되도록 하기 위해서는 고삐 풀린 시장을 사회와 자연으로 다시 붙잡아 와서 인류와 지구의 모든 생명공동체의 존속과 안녕을 위해 일하도록 만들어야 한다. 그래서 자연의 선물을 인류는 물론 다른 생명들도 함께 누릴 수 있도록 해야 한다. 그러기 위해서는 시장의 탐욕에 모든 것을 맡기는 것이 아니라, 사람을 사람답게, 생명을 생명답게 대하는 배려의 경제, 선물의 경제, 도덕 경제가 중심이 되도록 해야 한다. 성장중독 경제에서 안정상태의 경제steady state economy, 즉 자연을 최소한 이용하며, 물질소비를 줄이고 공동체 속에서 모두의 즐거움을 늘리는 경제, 선물이 순환하는 경제로 전환해야 한다. 국가는 다른 나라와의 전쟁을 준비하고, 이를 이유로 국민을 억압하는 전쟁국가가 아니라, 국민은 물론 모든 사람들을 돌보며 자연을 잘 보전하고 가꾸는 친절한 평화국가, 생태민주국가로 전환해야 한다. 이렇게 되면 국가는 더 이상 저 멀리서 이래라 저래라 하는 조폭두목이 아니라 민족공동체를 넘어 지구시민의 일꾼이자 생태자치연방의 관리자로 전환될 것이다. 이런 이야기는 소설 속에서나 나올 법한 황당한 꿈일지도 모른다. 그러나 나는 지구 위기가 심각해질수록 지구 생태자치연방의 꿈이 실현될 가능성도 커질 것이라고 믿는다. 수많은 전쟁의 고통을 겪은 후 유엔이 만들어졌고, 매우 더디고 어렵지만 전쟁보다는 평화가 더 확장되어온 것이 인류의 역사이기 때문이다. 인류는 스스로 절멸하지 않기 위해 지구 차원에서 생태민주주의를 발전시키지 않을 수 없는 상황으로 가고 있다.

생태민주주의는 인간이 만든 하나의 정치 형태인 민주주의가 갖고 있는 문제를 고쳐서 자연과 인간이 함께 잘사는 세상을 만들기 위한 생각이고 실천이다. 민주주의는 귀족정, 관료주의, 능력주의, 독재, 권위주의보다 더 좋은 정치지만, 지금 이 땅에 있는 사람들만 참여할 뿐만 아니라 국민국가의 틀에 갇혀 있기 때문에 지구의 문제를 푸는 데 한계가 많다. 이 때문에 우리는 민주주의의 기반이자 우리 삶의 토대인 지구와 자연 그리고 인류를 지키기 위해 민주주의를 크게 고쳐야만 한다.

모든 생명이 지구의 한 구성원으로서 서로 먹고 먹히면서 지구 행성의 우주 여행을 함께 해왔지만, 그 행성이 한 종의 급속한 확산 때문에 위험에 처해 있다. 생태민주주의자들은 그 원인을 인류의 탐욕이 아니라 그것을 부추기고 확산시킨 기술, 공업, 자본, 국민국가와 같은 제도라고 보고 이를 근본적으로 고쳐야 한다고 주장한다. 그 길은 매우 어렵고 먼 길이다. 그러나 생태민주주의자들은 유쾌한 마음으로 오늘을 즐기며 텃밭을 가꾸고 친구들과 놀고 이야기하며 걸어간다. 결국에는 착하고 올바른 사람들의 힘으로 모두가 평화롭고 자유로운 세상을 만들 수 있으리라 믿기 때문에.

참고 문헌

가라타니 고진, 2007, 『세계공화국으로』, 조영일 옮김, 도서출판 b.

______, 2012, 『세계사의 구조』, 조영일 옮김, 도서출판 b.

구도완, 2011, 「생태민주주의 관점에서 본 환경운동 사례연구」, 『기억과 전망』 25호.

______, 2014a, 「생태민주주의의 꽃에 물과 거름을」, 민주화운동기념사업회, 『계간 민주』 10호.

______, 2014b, 「한국형 생태주의 운동의 태동과 진화」, 모심과살림연구소, 『모심과 살림』 3호.

______, 2015, 「8장 한국과 일본의 환경운동과 지식의 교류」, 이종구 · 이소자키 노리요 외, 『한일관계사 1965-2015 Ⅲ — 사회 · 문화』, 역사공간.

구도완 · 박치현, 2007, 「네덜란드의 지속가능발전 모델 — 사회적 협의를 통한 생태적 근대화」, 『ECO』 11권 2호.

김문현 외, 2016, 『대화문화아카데미 2016 새헌법안』, 대화문화아카데미.

나카자와 신이치, 2004, 『사랑과 경제의 로고스』, 김옥희 옮김, 동아시아.

데일리, 허먼, 2016, 『성장을 넘어서 — 지속가능한 발전의 경제학』, 박형준 옮김, 열린책들.

드라이제크, 존 S., 2005, 『지구 환경정치학 담론』, 정승진 옮김, 에코리브르.
디에츠, 로버트·대니얼 오닐, 2013, 『이만하면 충분하다』, 한동희 옮김, 새잎.
러브록, 제임스, 2004, 『가이아 — 살아있는 생명체로서의 지구』, 홍욱희 옮김, 갈라파고스.
맬서스, 토마스 로버트, 2016, 『인구론』, 이서행 옮김, 동서문화사.
멈포드, 루이스, 2013, 『기술과 문명』, 문종만 옮김, 책세상.
메도즈, 도넬라 H. 외, 2012, 『성장의 한계 — 30주년 기념 개정판』, 김병순 옮김, 갈라파고스.
모리스, 윌리엄, 2008, 『에코토피아 뉴스』, 박홍규 옮김, 필맥.
모스, 마르셀, 2008, 『증여론』, 류정아 옮김, 지만지.
문순홍, 2006, 『정치생태학과 녹색국가』, 아르케.
바버, 벤자민, 2014, 『뜨는 도시 지는 국가』, 조은경·최은정 옮김, 21세기북스.
박원재, 2005, 「자연」, 강신주 외, 『21세기의 동양철학』, 을유문화사.
박호성, 2009, 『공동체론 — 화해와 통합의 사회·정치적 기초』, 효형출판.
벡, 울리히, 2010, 『글로벌 위험사회』, 박미애·이진우 옮김, 길; Beck, Ulrich. 2009. *World at Risk*. Cambridge: Polity Press.
북친, 머레이, 2012, 『머레이 북친의 사회적 생태론과 코뮌주의』, 서유석 옮김, 메이데이.
세계환경발전위원회, 2005, 『우리 공동의 미래』, 홍성태 옮김, 새물결.
센, 아마티아·조지프 스티글리츠·장 폴 피투시, 2011, 『GDP는 틀렸다』, 박형준 옮김, 동녘.
신고리 5·6호기 공론화위원회, 2017, 『신고리 5·6호기 공론화 '시민참여형조사' 보고서』.
싱어, 피터, 2012, 『동물해방』, 김성한 옮김, 연암서가.
알트파터, 엘마, 2007, 『자본주의의 종말』, 염정용 옮김, 동녘.
야나부 아키라, 2011, 『번역어의 성립』, 김옥희 옮김, 마음산책.

예니케, 마틴, 1995, 「서구 산업사회의 생태정치적 근대화」, 『지속가능한 사회를 향한 생태전략』, 문순홍 엮고 옮김, 나라사랑.
오오타 야스스케, 2013, 『후쿠시마에 남겨진 동물들』, 하상윤 옮김, 책공장더불어.
유채원 · 구도완, 2015, 「원주의 협동운동과 생명운동 — 생태민주주의 관점」, 『ECO』 제19권 2호.
윤순진, 2007, 「생태민주주의의 전망과 과제 — 중 · 저준위 방사성 폐기물 처분장 입지선정과정에 대한 평가를 바탕으로」, 『ECO』 11-2.
이시재 외, 2010, 『생태사회적 발전의 현장과 이론』, 아르케.
이이다 데쓰나리, 2002, 『에너지 민주주의』, 제진수 옮김, 이후.
이헌석, 2017, 「신고리 5,6호기 공론화 과정에서 못다한 이야기 — 절차와 제도」, 『시민환경연구소 시민환경포럼 자료집』, 2017. 11. 2.
이호룡, 2001, 『한국의 아나키즘 — 사상편』, 지식산업사.
______, 2013, 『신채호 다시 읽기 — 민족주의자에서 아나키스트로』, 돌베개.
장일순, 1997, 『나락 한 알 속의 우주』, 녹색평론사.
장재연, 2017, 「신고리 5 · 6호기 공론화 대응 평가와 향후과제」, 환경운동연합 웹뉴스 『누리아띠』 680호, 2017. 12. 5.
장회익, 1995, 「'온생명'과 현대문명」, 『과학사상』 12.
정규호, 2010, 「생태민주주의」, 민주화운동기념사업회 연구소 엮음, 『민주주의 강의 4 — 현대적 흐름』, 민주화운동기념사업회.
최현 외, 2016a, 『공동자원의 섬 제주 1 — 땅, 물, 바람』, 진인진.
______, 2016b, 『공동자원의 섬 제주 2 — 지역 공공성의 새로운 지평』, 진인진.
카머너, 배리, 2014, 『원은 닫혀야 한다 — 자연과 인간과 기술』, 고동욱 옮김, 이음.
칸트, 임마누엘, 2011, 『영원한 평화를 위하여』, 오진석 옮김, 도서출판b.
컬리넌, 코막, 2016, 『야생의 법 — 지구법 선언』, 박태현 옮김, 로도스.
크로포트킨, 표트르, 2005, 『만물은 서로 돕는다』, 김영범 옮김, 르네상스.
클라인, 나오미, 2008, 『쇼크 독트린』, 김소희 옮김, 살림Biz.

포스터, 존 벨라미, 2016, 『마르크스의 생태학』, 김민정·황정규 옮김, 인간사랑.

폴라니, 칼, 2009, 『거대한 전환』, 홍기빈 옮김, 길.

하라리, 유발, 2015, 『사피엔스』, 조현욱 옮김, 김영사.

하버마스, 위르겐, 2006, 『의사소통행위이론 1 — 행위합리성과 사회합리화』, 장춘익 옮김, 나남출판.

하승우, 2006, 『세계를 뒤흔든 상호부조론』, 그린비.

______, 2008, 『아나키즘』, 책세상.

하이에크, 프리드리히 A., 2006, 『노예의 길 — 사회주의 계획경제의 진실』, 김이석 옮김, 나남출판.

한면희, 1997, 『환경윤리 — 자연의 가치와 인간의 의무』, 철학과현실사.

한병철, 2011, 『권력이란 무엇인가』, 김남시 옮김, 문학과지성사.

홍성태, 2007, 『개발주의를 비판한다 — 박정희 체계를 넘어 생태적 복지사회로』, 당대.

환경운동연합, 2017, 『2017년 환경연합 정책제안: 모든 생명이 함께 사는 생태민주주의로』(2017. 3).

Daly, Herman. 1991. *Steady-State Economics*. Washington D.C.: Island Press.

Dobson, Andrew. 2013. *Citizenship and the Environment*. New York: Oxford University Press.

Dryzek, John. S. 2000. *Deliberative Democracy and Beyond*. New York: Oxford University Press.

Hardin, Garrett. 1968. "The Tragedy of Commons". *Science* 162,

IPCC, 2015, 『기후변화 제5차 평가 종합보고서』, 기상청 옮김, 기상청.

Johnson, Charlmers. 1982. *MITI and the Japanese Miracle*. Stanford University Press.

Meadows, Donella et al. *The Limits to Growth*. Universe Books.

Mol, Arthur. J. 1992. "Sociology, Environment, and Modernity: Ecological Modernization as a Theory of Social Change." *Society and Natural Resources* 5: 323-344.

Naess, Arne. 1973. "The Shallow and the Deep, Long-range Ecology Movement: A Summary". *Inquiry* 16: 95-100.

O'Connor, James. 1988. "Capitalism, Nature, Socialism: A Theoretical Introduction". *Capitalism Nature Socialism* No. 1, Fall.

Schnaiberg, Allen. 1980. *The Environment -From Surplus to Scarcity.* Oxford, Oxford University Press.

생태민주주의

모두의 평화를 위한 정치적 상상력

초판 1쇄 발행 2018년 1월 8일
초판 3쇄 발행 2022년 2월 14일

지은이 구도완
펴낸이 오은지
편집 변홍철·이호흔
표지 디자인 박대성
펴낸곳 도서출판 한티재 | 등록 2010년 4월 12일 제2010-000010호
주소 42087 대구시 수성구 달구벌대로 492길 15
전화 053-743-8368 | 팩스 053-743-8367
전자우편 hantibooks@gmail.com | 블로그 www.hantibooks.com

ISBN 978-89-97090-78-5 04300
ISBN 978-89-97090-73-0 (세트)

이 도서의 국립중앙도서관 출판예정도서목록(CIP)은 서지정보유통지원시스템
홈페이지(http://seoji.nl.go.kr)와 국가자료공동목록시스템
(http://www.nl.go.kr/kolisnet)에서 이용하실 수 있습니다.
(CIP제어번호: CIP2017034627)